Les effets

Mazen Alazazmeh

Les effets sociaux des mégaprojets à Amman

Le cas du projet de régénération urbaine d'Al-Abdali

ScienciaScripts

This book is a translation from the original published under ISBN 978-3-659-85108-7.

Publisher:
Sciencia Scripts
is a trademark of
Dodo Books Indian Ocean Ltd. and OmniScriptum S.R.L publishing group

120 High Road, East Finchley, London, N2 9ED, United Kingdom
Str. Armeneasca 28/1, office 1, Chisinau MD-2012, Republic of Moldova, Europe

ISBN: 978-620-3-59202-3

Table des matières

Remerciements

Je tiens à remercier mes deux superviseurs, le professeur Schonig et le docteur Schipper, pour leurs précieux conseils et leur soutien tout au long de ce travail.

Nous remercions tout particulièrement le professeur Yasser Rajjal, l'arch. Laith Al-Adwan, et tous ceux qui ont aimablement contribué à cet ouvrage.

Je suis reconnaissant à tous mes amis qui m'ont aidé et motivé pendant mes études.

Enfin, je dédie ce livre à ma famille qui m'a soutenu et encouragé sans relâche tout au long de ma vie.

Merci à tous...

Acronymes et clarifications

Al-	in Arabic, is a grammatical article that is translated in English to "the", thus the disuse of the English article in the presence of "Al", such as in front of "Al-Abdali"
Jabal	in Arabic, means "mountain" in English, and is sometimes used in the plural form "Jabals"
Downtown	also "Al-Madeinah district" and "Al-Balad", are all related terms used throughout the book to refer to Amman's historical city center
GAM	Greater Amman Municipality
AURP	Al-Abdali Urban Regeneration Project
AID / Abdali Psc.	Abdali Investment & Development Company
USD	United States Dollar
JOD	Jordanian Dinar. One JOD is in the range of 1.4 USD (2015).

Chapitre 1 : Introduction

1.1 Présentation du problème de recherche

Après avoir assisté à la naissance et au "succès" du modèle de Dubaï, l'accumulation de capital est devenue la principale préoccupation des villes du Moyen-Orient. Les pays commercialisent leurs villes représentatives afin d'attirer les investissements internationaux dans le but de favoriser la croissance économique et le développement.

Faisant de la promotion immobilière la nouvelle "religion" (Daher, 2011), la région a introduit les "mégaprojets arabes", méga en termes d'échelle, de coût et d'effet, comme la principale tendance de la planification urbaine arabe contemporaine (Barthel, 2010), contrairement à l'approche plus sensible du milieu du 20e siècle, où une échelle plus humaine était dominante.

Les villes du Moyen-Orient sont en constante évolution économique, politique et structurelle. Les crises récentes dans des pays tels que l'Irak, la Syrie et le Liban ont renforcé l'image de la Jordanie en tant que havre de paix pour les entreprises et les investissements. Pour promouvoir davantage sa capitale, Amman, une approche plus libérale des investissements mondiaux a été adoptée, qui la présente "comme une nouvelle ville conforme aux critères mondialisés de rapidité, d'efficacité et de connectivité" (Parker, 2009 : 110).

Bien que les investissements aient été divers et ne se soient pas limités à des transformations de l'environnement urbain bâti d'Amman, les projets à grande échelle ont été la cible principale des flux de pétrodollars vers la ville depuis le début du 21e siècle (Musa, 2013). En conséquence, Amman a connu un boom immobilier au cours de la dernière décennie, ce qui a considérablement affecté la structure spatiale de la ville.

Christopher Parker (2009 : 110) décrit Amman, avec ses nombreux projets de développement en cours, comme une "ville de grands trous". Entre les détours rendus nécessaires par les travaux aux points stratégiques du réseau routier de la ville, on rencontre de nombreuses zones de construction clôturées et agrémentées de panneaux d'affichage qui donnent un aperçu de l'avenir radieux réservé au site".

Malheureusement, ces "trous" ne sont pas seulement des obstacles spatiaux ou visuels, et tendent à créer divers défis lorsqu'ils sont construits. Alors que trop d'encre a été consommée sur les processus et les conséquences des méga-développements liés au Nord global, peu de travail a été fait sur les cas du Moyen-Orient. De nombreux articles et thèses soulignent la nécessité d'étudier les impacts des récentes transformations urbaines dans l'environnement bâti d'Amman et de rendre hommage à l'influence sur les communautés locales (Daher, 2013 ; Musa, 2013 ; Summer, 2006).

Figure 1 : Le site d'Al-Abdali en construction en 2007 (Abdali, 2012).

À Amman, le "trou" le plus grand et le plus dominant jamais créé jusqu'à présent est le projet de régénération urbaine Al-Abdali, qui couvre une superficie de 384 000 m² au cœur même de la ville et dont le coût est estimé à plus de 5 milliards de dollars. Présenté comme le meilleur quartier central d'affaires, résidentiel et de divertissement d'Amman, le projet devrait faire entrer " la ville dans le XXIe siècle, en la plaçant au même niveau que la plupart des centres-villes renommés du monde ", provoquant ainsi " un afflux sans précédent d'investissements en provenance de Jordanie et de la région " (Abdali, 2012a).

Présenté comme le "nouveau centre-ville d'Amman" et situé à moins de deux kilomètres du centre-ville d'origine, le projet aura un impact significatif sur la structure de la ville et posera plusieurs problèmes au tissu existant. Constitué principalement d'espaces commerciaux et résidentiels haut de gamme, le projet est considéré comme tournant le dos au centre-ville d'origine et à ses utilisateurs, décourageant son intégration dans l'environnement.

En utilisant l'AURP comme étude de cas, ce travail examine l'hypothèse selon laquelle de tels mégaprojets ont tendance à donner la priorité à l'accumulation de profits plutôt qu'au bien-être social et peuvent avoir des répercussions sociales négatives ( ) lorsqu'ils sont intégrés dans des systèmes de planification néolibéraux. Pour ce faire, il s'appuie sur une méthode mixte consistant en des entretiens semi-structurés avec des représentants du projet et des experts, des documents

5

officiels et des données démographiques.

1.2 Questions et objectifs de la recherche

Pour analyser si l'hypothèse énoncée s'applique au cas d'Amman, les questions suivantes serviront de cadre à la recherche :

- Quels sont les intérêts et les processus qui motivent les mégaprojets néolibéraux d'Amman ?

- Quels sont les impacts de ces mégaprojets sur la structure sociale de la ville ? - Quels défis ces développements posent-ils au tissu existant ?

En examinant le cas de l'AURP, le plus grand projet de développement immobilier d'Amman, le livre vise à analyser les impacts directs et indirects de ces projets monumentaux sur la communauté locale, en mettant en lumière la relation entre la planification néolibérale et le bien-être social.

L'objectif de cette thèse est de comprendre les processus d'investissements globaux sous forme de mégaprojets au début du 21ème siècle à Amman, et d'analyser leurs conséquences sur le tissu environnant. Le travail vise à sensibiliser et à servir de modèle d'étude pour les projets futurs afin d'éviter de telles conséquences, en soulignant la nécessité d'adopter des mesures de conception et de mise en œuvre plus sensibles au site et socialement inclusives.

1.3 Structure du livre

L'ouvrage est divisé en six chapitres, y compris ce chapitre introductif. Le deuxième chapitre est une revue de la littérature sur des sujets pertinents tels que le néolibéralisme et la gentrification. Le livre commence par ce chapitre afin d'introduire les lecteurs aux concepts à un stade précoce de la recherche.

Le troisième chapitre présente le contexte de l'AURP en commençant par un bref historique du développement d'Amman et une explication de sa structure actuelle, suivi d'une description de la réforme économique dans le cadre de laquelle le projet a été introduit, et enfin d'une présentation du projet lui-même. Le chapitre suivant décrit la méthodologie adoptée pour la recherche, présente les personnes interrogées et leur rend hommage.

Le cinquième chapitre explique les résultats de la recherche et analyse les influences sociales directes et indirectes de l'étude de cas. En guise de conclusion, le dernier chapitre examine les résultats par rapport à la théorie et à l'hypothèse énoncée, en soulignant la nécessité d'une nouvelle approche de la planification néolibérale.

Chapitre 2 : Analyse documentaire

2.1 Néolibéralisme

Au cours des deux dernières décennies environ, le concept de "néolibéralisme" a été fréquemment utilisé et appliqué dans les débats concernant l'environnement politique, économique et bâti. Qu'est-ce que cela signifie ? L'appellation néolibéralisme suggère une forme nouvelle et renouvelée de liberté dans la pensée politique. Le libéralisme est sans aucun doute un concept très vague et ramifié. Il est assez difficile de déterminer exactement quelles idéologies et croyances les libéraux avaient en commun, car il existait de nombreux "libéralismes" (Ryan, 1993). Toutefois, Ryan classe ces idéologies en deux groupes principaux : le libéralisme "moderne" et le libéralisme "classique", ce dernier étant associé à des libéraux plus anciens tels qu'Adam Smith (ibid). Thorsen et Lie tentent de proposer une définition inclusive en décrivant le libéralisme comme "un programme politique ou une idéologie dont les objectifs comprennent surtout la diffusion, l'approfondissement et la préservation de la démocratie constitutionnelle, d'un gouvernement limité, de la liberté individuelle et des droits humains et civils fondamentaux qui sont essentiels à toute existence humaine décente" (2006 : 7).

Bien que Thorsen et Lie (2006 : 4) associent le libéralisme "classique", comme le néolibéralisme, à "la conviction que l'État devrait être *minimal*, ce qui signifie que pratiquement tout, à l'exception des forces armées, du maintien de l'ordre et d'autres "biens non négligeables", devrait être laissé à la libre appréciation des citoyens et des organisations qu'ils choisissent librement de créer et auxquelles ils participent", ils soutiennent que le néolibéralisme devrait plutôt être considéré comme une idéologie unique qui est tout à fait différente et opposée aux biens communs du libéralisme. Cependant, il ne fait aucun doute que le néolibéralisme trouve ses racines dans le libéralisme "classique".

Encore une fois, qu'est-ce que le néolibéralisme ? L'une des définitions les plus méticuleuses données jusqu'à présent est celle de David Harvey dans son ouvrage intitulé "A Brief History of Neoliberalism" (Une brève histoire du néolibéralisme). Selon Harvey, "le néolibéralisme est en premier lieu une théorie des pratiques économiques politiques qui propose que le bien-être humain peut être amélioré en libérant les libertés et les compétences entrepreneuriales individuelles dans un cadre institutionnel caractérisé par des droits de propriété privée forts, des marchés libres et le libre-échange" (Harvey, 2005 : 2). Le rôle de l'État consiste donc à créer et à préserver tous les moyens nécessaires au bon fonctionnement de ce cadre institutionnel avec un minimum d'interventions (ibid).

En ce sens, le néolibéralisme n'est pas lié aux pensées et valeurs libérales dominantes, il est, comme le souligne Harvey, une "théorie des pratiques économiques politiques" plutôt qu'une "véritable" idéologie politique (Thorsen et Lie, 2006). Saad-Filho et Johnston ont déclaré en 2005 que "nous vivons à l'ère du néolibéralisme" (2005). Une demi-décennie plus tard, Harvey croit toujours à la domination du néolibéralisme et à ses pratiques immuables, affirmant que certains de ses aspects ont même été intensifiés (Harvey, 2011).

Développement géographique inégal

Selon Harvey, le problème de l'écoulement du surplus de capital est l'un des principaux problèmes auxquels nos économies sont confrontées depuis les années 1970. Dans des environnements stabilisés et sécurisés, les capitalistes produisent des profits par nature. La question suivante se pose alors : que faire de ce surplus ? Pour qu'un capitaliste reste un dans les services de marché très compétitifs du capitalisme, une partie au moins de ce surplus doit être réinvestie. Le résultat est un réinvestissement perpétuel dans un champ d'action en expansion dans le cadre du néolibéralisme, qui à son tour augmente la production de surplus (Harvey, 2011 ; Harvey, 2012). Cette concentration de la richesse, et par conséquent du pouvoir, dans la classe supérieure entre les sociétés transnationales et les groupes d'élite est attribuée par beaucoup à la mise en œuvre des idéologies politiques et économiques du néolibéralisme.

Avant l'avènement du néolibéralisme, l'État était l'acteur principal de la planification et du développement. La prédominance des politiques néolibérales en matière de développement urbain soumet aujourd'hui l'arène urbaine au marché libre, transférant ainsi la responsabilité de la planification aux mains des promoteurs et des investisseurs, ce qui permet à l'environnement bâti de jouer un rôle crucial dans l'absorption des excédents de capitaux. On peut donc conclure que le néolibéralisme "remodèle notre monde aujourd'hui" (Saad-Filho et Johnston, 2005) par le biais d'une planification "privée" exerçant un développement géographique inégal.

L'environnement bâti a été témoin de nombreux projets insensés au nom de l'excédent et de l'absorption de capital. Des projets d'infrastructure superflus tels que le plus long pont du monde en Chine (le grand pont Danyang-Kunshan de 164.8 km de long), des projets d'urbanisation non durables et purement esthétiques tels que l'immense archipel artificiel Palm Jumeirah de Dubaï, ainsi que des bâtiments et des gratte-ciel emblématiques tels que le musée Guggenheim de Bilbao et le Gherkin de Foster, sont devenus des modèles de développement pour promouvoir des villes créatives, compétitives, cosmopolites et mondiales, afin d'attirer de nouveaux investissements et de nouveaux capitaux.

8

Harvey affirme que ce processus sans fin d'élimination du capital suraccumulé dans l'urbanisation a "tué" la ville traditionnelle, sans se soucier le moins du monde des besoins de la ville ou des conséquences qui en découlent (Harvey, 2012). Presque toutes les villes néolibérales ont connu un boom de la construction pour la classe supérieure, mais "au prix de processus croissants de destruction créatrice qui impliquent la dépossession des masses urbaines de tout droit à la ville", ce qui a entraîné des développements géographiques cumulatifs et inégaux (ibid).

Les influences des pratiques néolibérales ne se limitent pas à l'environnement bâti, les qualités de la vie urbaine sont également perçues comme des victimes. La domination du capitalisme, du mondialisme, du tourisme et du consumérisme dans l'économie politique urbaine se reflète sur l'urbanité et le mode de vie des habitants en ciblant les droits de l'homme, qui constituent le principal discours et le centre d'intérêt des sociétés d'aujourd'hui dans leur approche d'un monde meilleur. On constate donc que des efforts politiques considérables sont déployés pour assurer, préserver et promouvoir les "idéaux des droits de l'homme" (Harvey, 2012). Toutefois, la majorité des idéologies et des stratégies qui circulent sont individualistes et liées aux biens, sans menace ni préoccupation pour les modèles sociaux, économiques ou politiques libéraux et néolibéraux, ce qui permet au consumérisme de redéfinir l'urbanité et les droits de l'homme (ibid.). La mondialisation et les médias de masse ont encore renforcé le consumérisme en lui permettant d'étendre son champ d'action et son influence sur des qualités telles que la beauté et le style de vie, les besoins et les exigences, les nécessités et les objectifs, en les adaptant à ses faveurs et en recourant perpétuellement à la société du spectacle où les marchandises dominent les consommateurs et où les consommateurs sont des objets passifs qui poursuivent le spectacle authentifié. Ce processus est très évident dans notre monde d'aujourd'hui, où "les droits de propriété privée et le taux de profit l'emportent sur toutes les autres notions de droits auxquelles on peut penser" (Harvey, 2012 : 3).

2.2 Gentrification

Bien que le terme "gentrification" soit d'origine moderne, les descriptions de ses processus remontent au 19e siècle et ont été récurrentes tout au long de l'histoire urbaine capitaliste :

La croissance des grandes villes modernes donne au terrain dans certaines zones, en particulier dans les zones qui sont situées au centre, une valeur artificiellement et colossalement accrue ; les bâtiments construits sur ces zones diminuent cette valeur au lieu de l'augmenter, parce qu'ils n'appartiennent plus aux nouvelles circonstances. Ils sont démolis et remplacés par d'autres. C'est surtout le cas des maisons ouvrières qui sont situées au centre et dont les loyers, même avec la plus grande surpopulation, ne peuvent jamais, ou seulement très lentement, augmenter au-delà d'un certain maximum. Elles sont démolies et remplacées par des magasins, des entrepôts et des bâtiments publics. (Engels, 1872 dans Harvey, 2012 : 17)

L'une des premières introductions du terme lui-même a été faite dans les années 1960 par la sociologue Ruth Glass pour décrire une tendance qui transformait certains quartiers relativement centraux de Londres. Depuis lors, le terme a suscité une grande attention, offrant un phénomène urbain intéressant pour les chercheurs de nombreuses sous-disciplines de la science politique urbaine, ce qui a donné lieu à un cadre diversifié et international pour le monde universitaire. Le processus est considéré comme une question politique qui domine le discours de la restructuration urbaine moderne, remettant ainsi en question les idéologies traditionnelles de la résidence urbaine et de la structure sociale (Chris Hamnett, 1991 dans Lees et al., 2008).

Beaucoup trop d'efforts ont été déployés pour définir la gentrification et déterminer si elle est bonne ou mauvaise. Le dictionnaire Webster définit l'embourgeoisement comme "le processus de renouvellement et de reconstruction qui accompagne l'afflux de personnes de la classe moyenne ou aisée dans des zones en voie de détérioration et qui déplace souvent les résidents les plus pauvres". Il tire son origine des mots "gentry" (personnes de naissance douce) et "flcation" (production). Cependant, il n'est pas simple d'affirmer qu'une zone est en détérioration absolue car cela peut être très subjectif, ce qui est perçu comme un déclin pour certains peut ne pas l'être pour d'autres. En outre, le concept s'est récemment élargi pour inclure, entre autres, les nouvelles constructions, les communautés fermées, la super-gentrification et la gentrification commerciale, des variations qui ne se limitent pas aux zones construites (il ne s'agit donc pas toujours de renouvellement/rebuilding). Suivant cet argument, la définition de Lees et al. (2008 : xv) dans l'un des premiers manuels publiés sur la gentrification correspond mieux à la portée contemporaine du terme en la décrivant comme "la transformation d'une zone ouvrière ou vacante de la ville centrale en un usage résidentiel et/ou commercial de classe moyenne". Dans cette définition, l'adjectif "central" ne fait pas référence à la situation géographique de la zone, mais plutôt à son importance géographique au sein de la ville, car Lees et al. affirment dans le même ouvrage que gentrification n'est plus confinée à la région du centre-ville. En conséquence, la définition devient plus complète puisqu'elle inclut également la récente variation "gentrification rurale". Le processus est également décrit comme une transformation, et non comme un simple déplacement, car ils estiment que l'embourgeoisement s'accompagne également d'influences socio-économiques et culturelles (ibid).

L'embourgeoisement ayant pris naissance en Angleterre et sur la côte est des États-Unis, son champ d'étude s'est concentré pendant des décennies sur les nations et les villes liées au Nord global. À l'aube du 21e siècle, feu Neil Smith a soutenu que la gentrification pouvait être considérée comme une "stratégie urbaine globale", affirmant que "l'impulsion derrière la gentrification est maintenant généralisée" et que "son incidence est globale" (2002 : 427). Il a même lancé des recherches sur les processus d'embourgeoisement dans le monde entier. Cela a incité les chercheurs à aborder le terme de manière globale et à viser une vision plus cosmopolite, ce qui a donné lieu à un certain nombre d'articles de revues et, plus récemment, à des ouvrages tels que "Whose Urban Renaissance ? An international comparison of urban regeneration strategies" en 2009 et "Global Gentrifications, Uneven development and displacement" de Lees et al. en 2015, qui présentent d'excellentes études de cas d'Europe, d'Amérique du Nord et du Sud, d'Asie, d'Afrique du Sud, du Moyen-Orient et d'Australie.

La gentrification résulte d'une augmentation rapide de la valeur des biens immobiliers en raison d'une demande élevée et croissante dans les zones urbaines (Marcuse, 1985). Lees et al. (2015) affirment, à l'instar de la plupart des autres contributeurs de ce livre mondial, que l'existence de la gentrification repose sur un ensemble de conditions pertinentes telles que le déplacement sous toutes ses formes, la polarisation des classes et l'augmentation des investissements dans ce que Harvey définit comme "le circuit secondaire" de l'environnement bâti.

L'une des définitions les plus importantes du déplacement est celle de Grier et Grier, qui déclarent que

Il y a déplacement lorsqu'un ménage est contraint de quitter sa résidence en raison de conditions qui affectent le logement ou son environnement immédiat et qui : 1) sont au-delà de la capacité raisonnable du ménage à contrôler ou à prévenir ; 2) se produisent malgré le fait que le ménage ait respecté toutes les conditions d'occupation précédemment imposées ; et 3) rendent la poursuite de l'occupation par ce ménage impossible, dangereuse ou inabordable. (1978 dans Marcuse, 1985 : 205)

Marcuse (1985) a adopté cette définition et l'a poussée plus loin pour conceptualiser quatre types de déplacement : le déplacement direct du dernier résident (déplacement de nature physique ou économique), le déplacement direct en chaîne (ce type de déplacement prend en compte les ménages antérieurs au dernier résident qui ont déjà été victimes du processus de gentrification), le déplacement par exclusion (restrictions aux espaces gentrifiés en fonction de la classe sociale) et la pression du déplacement (forces subjectives qui encouragent les ménages environnants à se reloger). Pour simplifier ces termes, le déplacement direct est vécu par les ménages de classe sociale inférieure dans la phase initiale du processus de gentrification, tandis que le déplacement indirect (déplacement par exclusion et déplacement par pression) est vécu de manière continue par les pauvres dans les zones en voie de gentrification.

Harvey souligne cette dernière condition de l'embourgeoisement et le pouvoir des forces économiques dans la production de l'environnement urbain bâti au nom d'autres forces non économiques, affirmant que les processus d'embourgeoisement se trouvent " au cœur du processus urbain sous le capitalisme " et que les conséquences sont une " image miroir de l'absorption du capital par le redéveloppement urbain " (Harvey, 2012 : 18). A l'inverse, Van Weesep (1994 : 80) soutient que les symptômes, les influences et les approches de la gentrification sont principalement formés par le contexte local, dégradant le 'pourquoi' du processus par rapport à son 'comment' et à la géographie de la gentrification (le rôle de l'Etat et sa politique, le pouvoir et l'objectif des gentrifieurs, les micro-structures de la zone, le processus de développement, etc.) Néanmoins, certaines conditions, précisément celles suggérées par Lees et al, semblent apparaître et se reproduire dans des contextes globaux.

L'embourgeoisement au nom de la régénération, de la revitalisation, de la renaissance, du renouvellement, du redéveloppement, du rajeunissement, de la restructuration, de la résurgence, de la réurbanisation et de la résidentialisation (Peck et Tickell, 2002) généré par des cycles d'investissement successifs semble conventionnel dans les villes d'aujourd'hui, avec pour résultat divers défis et inquiétudes pour les structures socio-économiques. L'urbanisme néolibéral est lié à une augmentation de ces projets de développement dans l'intérêt véritable de l'absorption du capital et des excédents, et donc du bénéfice perpétuel des capitalistes de haut niveau. Les chercheurs en sciences politiques urbaines ont depuis longtemps reconnu et critiqué cette relation, arguant que la gentrification n'est pas simplement un sous-produit de la planification néolibérale, mais plutôt une partie essentielle de celle-ci, une stratégie pour que les capitalistes restent capitalistes (Smith, 2002 ; Lees et al., 2008 ; Harvey, 2012). Par le biais de la gentrification, le néolibéralisme revendique indirectement les espaces et régions du centre-ville aux dépens de la classe ouvrière moins puissante, en la poussant vers des lieux où les logements sont plus abordables, généralement à la périphérie et aux limites de la ville. Ils se voient ainsi refuser leur "droit à la ville", si tant est qu'il y en ait eu un. "Le droit à la ville, tel qu'il est actuellement constitué, est beaucoup trop limité, dans la plupart des cas entre les mains d'une petite élite politique et économique qui est en mesure de façonner la ville de plus en plus en fonction de ses propres besoins et des désirs de ses arts" (Harvey, 2012 : 24).

Chapitre 3 : Contexte de la recherche

La Jordanie est un petit pays du Moyen-Orient qui a des frontières avec la Syrie, l'Irak, l'Arabie saoudite et la Palestine. Les hauts plateaux occidentaux de la Jordanie abritent les principales villes du pays, qui représentent environ 75 % de la population totale (Makhamreha & Almanasy- eha, 2011). Amman, la capitale de la Jordanie, est considérée comme l'une des villes à la croissance la plus rapide au monde. Une ville qui a commencé dans les années 1920 comme une petite colonie agraire avec un peu plus de 2000 résidents est aujourd'hui une métropole importante avec une population de plus de 2 millions d'habitants.

3.1 Bref historique : le développement de la ville

Amman est peut-être d'origine moderne, mais ses racines sont très profondes, avec des établissements qui remontent à la préhistoire. Au 13e siècle avant J.-C., sous les Ammonites, la région s'appelait Rabat Amon. Rabat Amon (également connue sous le nom de Rabbath Ammon) a ensuite été conquise par les Assyriens, puis par les Perses et, plus tard, par les Grecs macédoniens qui l'ont rebaptisée Philadelphie. Après avoir fait partie du royaume nabatéen, la ville rejoint la Décapole sous les Romains. Elle a finalement conservé le nom d'Amman pendant l'ère ghassanienne et a prospéré sous les califats des Omeyyades et des Abbassides. (GAM, 2009)

Par la suite, Amman a été peu habitée jusqu'à la fin du XIXe siècle, lorsque les Circassiens, un groupe de musulmans principalement sunnites, ont progressivement afflué dans la ville sous la domination ottomane, après leur exode de leur patrie du Caucase du Nord dans le cadre de la conquête russe. Ils se sont installés dans la zone du centre-ville actuel, autour de l'amphithéâtre romain historique où se trouvait la "Seil" (rivière). En 1908, l'ouverture du chemin de fer du Hejaz a amené d'autres habitants de la région (Shami, 1996). La ville a connu un essor important dans les années 1920 lorsqu'elle est devenue la capitale officielle de l'émirat de Transjordanie, la région de l'actuelle Jordanie, avant d'obtenir son indépendance des Britanniques en 1946.

Entre les années 1940 et 1960, la population d'Amman a connu une croissance drastique. Les guerres régionales, en particulier les conflits israélo-arabes, ont été le principal facteur à l'origine de cet immense changement démographique. Les conséquences de la première guerre israélo-arabe en 1945 ont amené plus de 200 000 réfugiés palestiniens à Amman et à ses environs. La guerre des six jours, en 1967, a entraîné le déplacement direct d'environ 180 000 Palestiniens-Jor- daniens de la Cisjordanie (territoire jordanien avant la guerre) vers la capitale (ONU, 2005).

La guerre de 1967 a dévasté l'économie jordanienne. Néanmoins, elle a été contrainte de faire face à l'afflux continu de Palestiniens. La fourniture d'abris est devenue la priorité du pays, ce qui s'est produit rapidement. En conséquence, les colons "ont affecté le logement et, à son tour, il les a également affectés" (El-Ghul, 1999).

L'économie du pays a commencé à se redresser avec le retour des riches expatriés des pays pétroliers environnants après la crise pétrolière de 1973, et a prospéré avec l'arrivée des riches Libanais qui ont fui le Liban lors du déclenchement de la guerre civile en 1975. Bien que des milliers de ressortissants libanais se soient installés à Amman, peu d'entre eux sont restés dans la ville (ONU, 2005). Leur présence, bien que brève, a entraîné un boom économique qui a influencé le marché du logement, amélioré les normes de construction et introduit de nouvelles formes architecturales, mettant Amman au diapason du style international (El-Ghul, 1999). Ce boom a à son tour attiré un grand nombre de travailleurs, non seulement d'autres régions de Jordanie, mais aussi des pays voisins.

Plus tard, au début des années 1990, des centaines de milliers de Jordaniens ont quitté les États du Golfe à la suite de la guerre du Golfe, principalement pour s'installer à Amman. Mais les conséquences de la guerre du Golfe ne se sont pas limitées à l'afflux de Jordaniens, de nombreux ressortissants irakiens ont également cherché à s'installer en Jordanie pour bénéficier d'un meilleur niveau de vie et d'une plus grande stabilité politique (ONU, 2005). Les vagues de ressortissants irakiens vers la Jordanie se sont poursuivies avec le déclenchement de la guerre d'Irak en 2003. En 2007, on estimait à plus de 400 000 le nombre d'Irakiens résidant dans le pays (Norwegian Research Institute Fafo et al., 2007). Contrairement à la situation des anciens réfugiés palestiniens, une grande partie des ressortissants irakiens qui sont entrés en Jordanie étaient aisés et, à l'instar des expatriés jordaniens de retour au pays, ils ont encouragé des modes de vie et de consommation aisés (ONU, 2005).

La guerre et l'instabilité régionales continuent d'influencer la Jordanie au 21e siècle à travers les conflits du printemps arabe, en particulier la guerre civile syrienne en cours qui a débuté en 2011. La guerre syrienne a eu un impact significatif sur la structure démographique d'Amman, et le nombre de réfugiés va très probablement augmenter. Avant la crise, quelque 750 000 Syriens vivaient dans le pays. Depuis le début du conflit, plus de 600 000 réfugiés syriens sont entrés en Jordanie, portant la population syrienne à environ 1,4 million de personnes (Jordan Times, 2014 ; Ministère de la planification et de la coopération internationale, 2014). Environ 85 % des arrivées d'après-guerre se sont installées hors des camps, exerçant une pression sur l'environnement bâti de la Jordanie, principalement Amman, Mafraq, Irbid et Al-Zarqa (ministère de la Planification et de la Coopération internationale, 2014). Quant à Amman, on considère qu'elle accueille plus de 790 000 Syriens, soit plus de 20 % de la population totale de la ville (Jordan Times, 2014).

Les chiffres les plus récents du département jordanien des statistiques remontent à l'année 2013, estimant la population d'Amman à 2 528 500 personnes, soit 38,7 % de la population totale (2013), mais ce chiffre ne tient pas compte des réfugiés syriens. En avril 2014, le maire d'Amman, Aqel Biltaji, a déclaré que la population de la capitale était passée à environ quatre millions d'habitants (Jordan Times, 2014).

On peut conclure que les gens se sont accumulés à Amman pour trois raisons principales : culturelles, politiques et guerrières (El-Ghul, 1999). À l'époque de la Transjordanie, la population de la région était principalement composée de tribus. Certaines de ces tribus étaient sédentaires, d'autres semi-sédentaires et d'autres encore nomades, errant autour de la capitale (Alon, 2007). Les déplacements fréquents entre les deux rives du Jourdain étaient très courants pour des raisons agricoles et sociales.

Après l'indépendance de la Jordanie, les politiques officielles de l'État ont encouragé l'installation en ville des Bédouins, les Arabes nomades du désert qui vivaient dans la zone géographique de la Transjordanie (El-Ghul, 1999). En outre, la décision politique de placer les installations militaires dans les villes a également augmenté la migration urbaine des familles de militaires.

Quant à la guerre, elle est considérée comme la principale raison de la croissance de la ville. Les événements politiques inattendus survenus au Moyen-Orient depuis la seconde moitié du XXe siècle ont contraint la capitale à accueillir un grand nombre de migrants en provenance des pays environnants. En conséquence, il était presque impossible de planifier la ville de manière persistante. La ville a été contrainte de s'adapter aux changements démographiques soudains, ce qu'elle a fait d'une manière qui s'est traduite par une expansion phénoménale de l'environnement urbain bâti. La stabilité politique d'Amman ( ), sa sécurité et sa proximité continuent d'attirer les réfugiés, ce qui en fait une "ville de réfugiés" (El-Ghul, 1999).

3.2 Ségrégation à Amman

Les quartiers résidentiels de l'Amman contemporaine sont marqués par la division sociale qui résulte de l'histoire de son expansion rapide. Cette division trouve son origine dans la croissance précoce de Jabal Amman, l'un des quartiers les plus riches de la ville à l'ouest d'Al-Balad, et dans la formation des camps de réfugiés palestiniens officiels de l'ONU dans le centre-est de la ville. Cette tendance s'est poursuivie au fur et à mesure que la ville se développait et que les régions s'éloignaient les unes des autres. Le résultat est une capitale qui abrite une population aux revenus relativement élevés et aux faibles densités allant de 2500 à 6000 habitants/km^2 à l'ouest, et un contraste de groupes pauvres dont les densités varient de 14 000 à 30 000 habitants/km2 à l'est (Potter et al., 2009).

Les guides actuels sont également conscients de cette ségrégation sociale qui semble diviser l'espace urbain de la ville : "Les habitants parlent ouvertement de deux Amman, alors qu'en réalité il y en a plusieurs. L'Amman de l'Est (qui comprend Downtown) abrite les pauvres urbanisés : il est conservateur, plus islamique dans ses sympathies, et possède de vastes camps de réfugiés palestiniens à sa périphérie. L'ouest d'Amman est un monde à part, avec des quartiers résidentiels verdoyants, des cafés et des bars branchés, des galeries d'art impressionnantes et des jeunes hommes et femmes qui se promènent ouvertement bras dessus bras dessous" (Ham & Greenway, 2003:98).

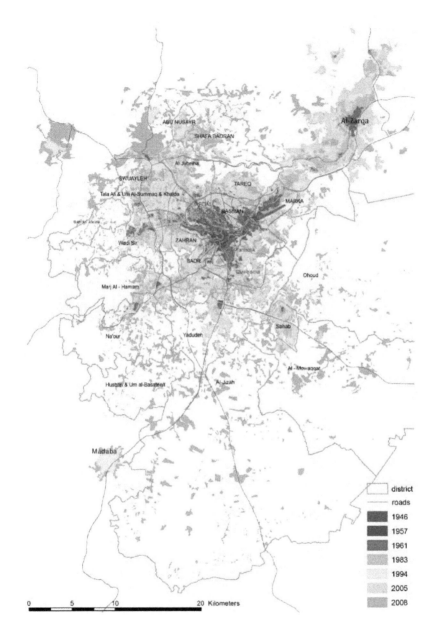

Figure 2 : Croissance urbaine des deux villes les plus peuplées de Jordanie, Amman et Al-Zarqa (au nord-est de la carte), entre 1946 et 2008 (Ababsa, 2013 ; édition de l'auteur, 2015).

En matière de planification, la municipalité du Grand Amman classe les terrains résidentiels en quatre catégories. Les catégories sont notées alphabétiquement de A à D et sont différenciées par

17

des caractéristiques telles que la taille minimale de la parcelle, le pourcentage maximal autorisé de la parcelle à construire et les limites de la parcelle. Les études développées par Potter et al. et Myriam Ababsa révèlent la structure démographique d'Amman, ce qui aide à percevoir la ségrégation sociale au sein de la ville.

Les catégories résidentielles peuvent être subdivisées en deux groupes principaux aux caractéristiques approximatives. Les catégories A et B ont des parcelles d'au moins 750 m² (la catégorie A ayant un minimum de 900 m2 tandis que la catégorie B se situe dans une fourchette de 750 à 900 m2). La surface bâtie des deux catégories doit être inférieure à 50 % afin d'offrir des limites et des espaces verts respectables. D'autre part, les catégories C et D concernent les terrains d'une superficie inférieure à 500 m2 (les terrains de la catégorie C ont une superficie d'environ 400 m2 et ceux de la catégorie D une superficie maximale de 200 m2). Les bâtiments résidentiels des catégories respectives occupent plus de 50 % de la parcelle (51 % autorisés pour la catégorie C et 55 % pour la catégorie D), ce qui signifie qu'il s'agit de zones plus denses de la ville.

Les catégories A et B sont presque exclusivement concentrées à l'ouest du centre-ville, avec quelques groupes au nord et au sud. La croissance de ces types de bâtiments peut être liée au retour des expatriés de la classe moyenne supérieure et à l'arrivée constante d'immigrants aisés. Construire à l'ouest était l'une des rares options de cette classe sociale, car le centre ville très dense et vallonné rendait presque impossible le développement de logements spacieux. En outre, l'état tectonique des bâtiments existants était médiocre et peu attrayant. L'idée d'investir et de s'étendre loin du centre ville est donc devenue beaucoup plus attrayante pour les personnes financièrement capables. La région ouest a été mise en évidence, entre autres, en raison de sa topographie élevée et de sa classification historique en tant que secteur riche de la ville. Cela a donné lieu au modèle de croissance nord-ouest.

La catégorie D apparaît principalement dans le centre-ville, la vallée et ses environs, ainsi que dans les deux camps de réfugiés palestiniens très denses. Enfin, les bâtiments de catégorie C semblent se développer à partir de la catégorie précédente, avec une concentration à l'est. L'expansion de ces deux types de bâtiments est principalement liée à l'arrivée d'un grand nombre de réfugiés palestiniens défavorisés dans la seconde moitié du 20ème siècle. À l'époque, Amman n'était pas en mesure de faire face à cette augmentation drastique et soudaine de la population. Il en a résulté la construction de camps d'urgence et d'implantations informelles adjacentes qui visaient les services fournis par l'Office de secours et de travaux des Nations unies. Les deux camps de réfugiés officiels d'Amman sont situés à proximité du centre-ville. Le camp d'Al-Hussein est situé dans le Jabal Al-

Hussein, l'un des Jabals orientaux de la ville, à l'opposé du Jabal Amman, plus développé. Le camp d'Al-Wehdat se trouve quant à lui au sud-est, dans le quartier d'Al-Qwaismeh.

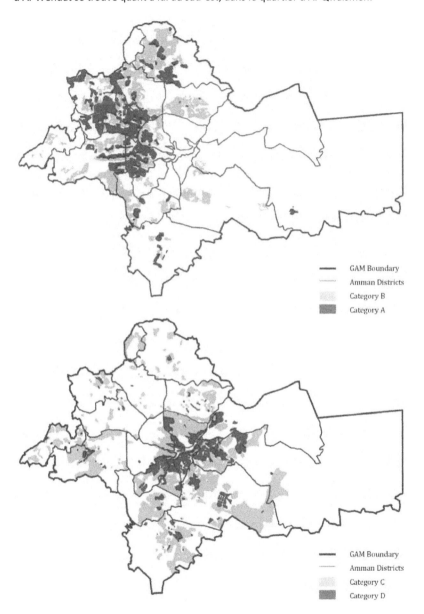

Figure 3 : Catégorisation des terrains résidentiels à Amman avant l'expansion des frontières municipales en 2007 (auteur, 2015 ; d'après Potter et al., 2009).

Les typologies de bâtiments sont fortement associées à des facteurs socio-économiques. Les logements luxueux et spacieux représentent un groupe social plus favorisé qui peut s'offrir ce type de logement, tandis que les bâtiments inadéquats et sous-dimensionnés ( ) représentent une classe inférieure. Par conséquent, l'analyse des catégories résidentielles et de leurs structures respectives aide à percevoir la ségrégation physique des classes sociales à Amman. La ville peut être divisée en deux régions principales, l'ouest, qui accueille la classe sociale élevée, et l'est, qui accueille les groupes plus pauvres. Les cartes de l'étude de Myriam Ababsa décrivant la morphologie urbaine d'Amman en témoignent également. Les maisons Dar (maisons traditionnelles d'un ou deux étages) se trouvent principalement à l'est, tandis que les villas semblent dominer à l'ouest.

La ségrégation se reflète donc dans le caractère urbain de la ville. La transformation de l'environnement bâti est remarquable lorsque l'on se déplace des quartiers chics de l'ouest d'Amman, comme Abdoun, vers l'est. Les constructions médiocres et les quartiers insalubres remplacent rapidement les belles villas et l'architecture moderne, ainsi que leurs environnements verts. Des zones urbaines très denses et des infrastructures médiocres prennent le relais, entraînant des embouteillages et une pollution supplémentaires.

Cependant, la ségrégation ne se limite pas à l'environnement bâti, elle se manifeste également dans la mentalité et les coutumes sociales des groupes respectifs. L'ouest d'Amman compte un pourcentage plus élevé de femmes dans la population active, tandis que l'est accueille un pourcentage plus élevé d'enfants de moins de 14 ans. En conséquence, on peut supposer que l'Ouest acquiert une mentalité plus moderne et plus ouverte à l'égard des familles. En outre, le pourcentage de personnes âgées est plus élevé à l'ouest, principalement en raison de la possibilité d'accéder à de meilleurs services médicaux.

Cette ségrégation continue à Amman est le résultat d'une division dynamique des classes sociales qui a commencé à une échelle ne dépassant pas le centre-ville et ses Jabals environnants. Malheureusement, les développements immobiliers contemporains amplifient ces géographies de l'inégalité, éloignant encore plus l'est et l'ouest.

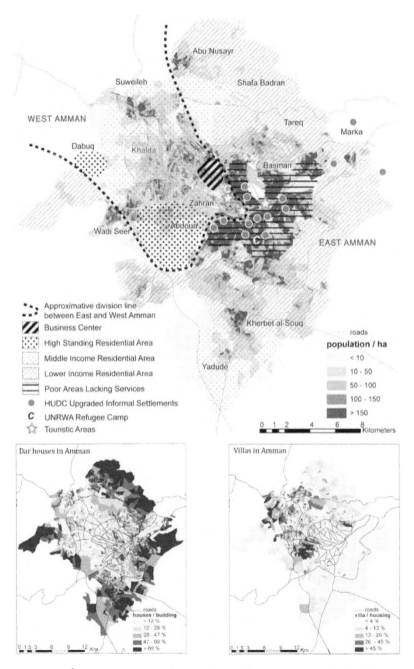

Figure 4 : Étude de la morphologie urbaine d'Amman en 2004. Le "Business Center" en surbrillance dans la carte du haut est l'AURP (Ababsa, 2011).

21

3.3 L'économie jordanienne

3.3.1 Le capitalisme patrimonial

La Jordanie a une petite économie basée sur les services (Schlumberger, 2002). Elle ne fait pas partie des pays producteurs de pétrole du Moyen-Orient et possède des ressources naturelles limitées. La Jordanie a un secteur industriel modeste et un secteur agricole restreint qui est resté relativement petit depuis la perte de la Cisjordanie. En revanche, les secteurs des technologies de l'information et du tourisme sont en pleine expansion. En outre, la réputation de la Jordanie dans le secteur des soins de santé en fait un centre médical régional qui attire chaque année des milliers de patients de toute la région (Mawared, 2010a). Les revenus du pays dépendent largement de l'importante communauté d'expatriés hautement rémunérés qui apporte de l'argent sous forme de transferts de fonds et d'investissements. La Jordanie dépend également de l'aide financière et des investissements directs d'autres pays développés tels que les États du Golfe.

La Jordanie adopte une économie capitaliste (Henry & Springborg, 2010). À la fin du XIXe siècle, divers capitalismes, dont les modèles anglo-américain, allemand et français, ont été introduits au Moyen-Orient (ibid.). Henry et Spring- borg (2010) affirment que le modèle anglo-américain a été adopté par les pays riches en capital, tandis que le modèle allemand, plus adapté aux situations de pénurie de capital, a prévalu dans les pays pauvres en capital. L'économie jordanienne suit ce dernier modèle, mais il s'agit d'un capitalisme unique qui n'obéit pas totalement au modèle occidental (Musa, 2013). Certains aspects de l'économie jordanienne, tels que la concurrence et le droit, sont dominés par des modèles sociopolitiques informels (Schlumberger, 2002) qui l'empêchent d'atteindre un capitalisme avancé (Musa, 2013). L'économie jordanienne est donc mieux décrite comme un "capitalisme patrimonial" (Schlumberger, 2002).

3.3.2 Réforme économique

La réforme économique de la Jordanie a commencé dans les années 1990 et s'est intensifiée sous le règne du roi Abdallah II (Schlumberger, 2002 ; Mawared, 2010a). Depuis son accession au trône en 1999, la Jordanie a rejoint l'Organisation mondiale du commerce en 2000, a joué un rôle dans l'Association européenne de libre-échange en 2001 et a signé un accord de libre-échange avec les États-Unis en 2001, devenant ainsi le premier pays arabe à signer un accord de libre-échange avec les États-Unis et le quatrième au total (Mawared, 2010a).

L'objectif était de renforcer la position de la Jordanie sur le marché international en augmentant sa flexibilité économique et son intégration globale afin de capter les capitaux et les investissements étrangers (Schlumberger, 2002). Pour ce faire, l'État devait libéraliser l'économie nationale et introduire de nouvelles mesures financières et administratives. Le rôle du gouvernement s'est transformé : d'acteur dominant de l'économie, il est devenu un facilitateur de la croissance économique qui supervise le secteur privé tout en menant le processus de développement (Daher, 2013 ; Mawared, 2010a). Une nouvelle série de lois a été introduite, comme la loi sur la promotion de l'investissement (n° 16/1995) qui "a été conçue pour attirer davantage d'investissements étrangers et nationaux grâce à des incitations généreuses telles que des exonérations fiscales à long terme et des exemptions de droits de douane" (Schlumberger, 2002 : 231), et la loi sur la privatisation qui "stipule l'utilisation du produit de la privatisation pour rembourser les prêts dus par les entreprises privatisées au gouvernement et financer des projets de développement économique et social" (Mawared, 2010a).

La Jordanie a également travaillé sur ses relations avec le monde global, en particulier avec les États du Golfe qui s'étaient affaiblis après la guerre du Golfe. Le 21e siècle a ainsi vu une augmentation des flux de pétrodollars et l'enregistrement d'une centaine d'entreprises de construction non jordaniennes (Musa, 2013).

La réforme économique a entraîné des transformations rapides en Jordanie, que le roi a justifiées en déclarant que "la rapidité avec laquelle le gouvernement doit agir pour attirer les investissements peut prendre la société par surprise et susciter beaucoup de discussions... c'est ainsi que le monde fonctionne. Les pays qui font preuve de rapidité gagneront et ceux qui laissent la bureaucratie se mettre en travers du chemin perdront" - Roi Abdullah II (Ruwash- deh, 2008 dans Parker, 2009 : 112).

C'est Amman qui a été le plus influencée par cette nouvelle structure économique, car la plupart des investisseurs étrangers s'intéressaient principalement à la capitale. En outre, l'instabilité politique de certains pays voisins au 21e siècle a exercé une pression accrue sur Amman en tant que ville mondiale et "ville de réfugiés" (El-Ghul, 1999). Il en a résulté une croissance passive rapide, à laquelle le roi Abdallah II a réagi en suggérant à GAM, en mai 2006, d'élaborer un nouveau plan directeur pour Amman. "Il est crucial que nous fassions tous notre possible pour que notre ville bien-aimée continue d'être un pôle d'attraction pour les projets de développement pionniers et un terrain fertile dans lequel les idées novatrices peuvent prendre racine et s'épanouir" - Roi Abdullah II (2006 dans Parker, 2009:116).

En 2008, la GAM a finalement publié un plan pour Amman qui ciblait le développement futur de la ville et prévoyait une population de 6 millions d'habitants pour l'année 2025. "Le plan d'Amman présente une approche peu orthodoxe de la planification métropolitaine, urbaine et communautaire (GAM, 2008). Le plan aborde trois échelles urbaines : l'échelle métropolitaine, qui se concentre sur le cadre de développement du Grand Amman, l'échelle de la zone, qui comprend l'utilisation des sols et les plans d'infrastructure, et l'échelle de la communauté, qui se concentre sur le zoom dans les plans pour les quartiers et les blocs (ibid). L'échelle de la communauté comprend des détails et des exigences sur les immeubles de grande hauteur ainsi que leur emplacement dans la ville. Afin d'encourager les projets à grande échelle, le plan d'Amman a créé un "guichet unique" qui a déplacé le rôle de la bureaucratie de la demande de l'investisseur vers le seul GAM (GAM, 2008).

3.4 A | - Projet de régénération urbaine d'Abdali

3.4.1 Contexte

En Jordanie, une grande partie des terrains urbains est occupée par des installations militaires, dont 80 hectares rien qu'à Amman. Sous le règne du roi Abdallah II, un plan a été annoncé pour déplacer les installations militaires des centres-villes (Rajjal, communication personnelle, 2014). L'objectif était de stimuler l'économie nationale en fournissant des terrains potentiels pour le développement futur. En 2002, deux camps militaires urbains importants ont été libérés dans les deux principales villes de Jordanie, dont le camp d'Al-Abdali.

Le propriétaire des sites militaires est Mawared, la National Resources Investment and Development Corporation. Mawared est une société d'investissement publique, financièrement et administrativement indépendante, qui est aujourd'hui considérée comme le plus grand promoteur immobilier de Jordanie (Daher, 2013 ; Mawared, 2010b). Sa mission est de mener l'initiative de régénération des sites militaires urbains en fournissant des terrains de premier choix comme part de capital, et de servir de modèle de partenariat public-privé qui "génère des opportunités d'investissement considérables pour le secteur privé, crée des opportunités d'emploi et stimule la croissance économique" (Mawared, 2010b).

En 2004, Abdali Investment & Development (AID) Psc, une société privée de développement foncier, a été créée pour développer l'AURP (Abdali, 2012b). La société était le résultat d'un partenariat à parts égales entre Mawared et Saudi Oger, une importante société régionale de développement basée en arabe saoudien et fondée par Rafic Hariri (Rajjal, communication personnelle, 2015 ; Summer, 2006). Après l'assassinat de son père, Bahaa Rafic Hariri a quitté la société familiale Saudi Oger et a repris le partenariat avec Mawared par le biais de sa propre société, Horizon International for Development (Bloomberg, 2008 ; Abdali, 2012b). Plus tard, la United Real Estate Company, qui

24

fait partie du groupe Kuwait Projects Company (KIPCO), a rejoint le partenariat (Rajjal, communication personnelle, 2015 ; Abdali, 2012b).

3.4.2 Le projet

Le site d'Al-Abdali a abrité des installations militaires et de sécurité nationales centrales, notamment le quartier général des forces armées jordaniennes, le département des renseignements généraux et la direction de la sécurité publique. Lorsque ces bâtiments ont été construits dans la seconde moitié du XXe siècle, le site était marginal par rapport au centre d'Amman. Après des décennies d'expansion, le site est devenu un élément essentiel du tissu urbain intérieur. La relocalisation des éléments du site a permis d'en faire la plus grande parcelle contiguë, appartenant à un seul propriétaire et inoccupée du centre ville.

Le site est situé dans le quartier d'Al-Abdali, un quartier géographiquement important en raison de son histoire et de sa proximité. Al-Abdali abrite une population de plus de 120 000 habitants (Département des statistiques, 2014) répartis dans quatre quartiers résidentiels : Jabal Al-Weibdeh, Al-Shmeisani, Sport City, et Jabal Al-Hus- sein, où se trouve le camp palestinien d'Al-Hussein. L'importance du site lui-même n'est pas moindre en raison des principaux bâtiments qui l'entourent, tels que la mosquée du roi Abdallah Ier, le bâtiment du Parlement - la Chambre des représentants, le Palais de justice et le ministère de l'Éducation.

Promu comme le " nouveau centre-ville d'Amman " (The Abdali Brochure, 2015), AURP est destiné à être le plus grand projet de développement à usage mixte au cœur de la ville. Le projet se compose de deux phases développant une surface totale de 384 000 m^2 pour obtenir une surface bâtie de deux millions de mètres carrés (Abdali, 2012a). Le projet a été lancé au début des années 2000 et devait être achevé en 2013 (AID, 2008). Néanmoins, la première phase du projet qui développe une zone bâtie de 1 030 000 m2 sur un terrain de 251 000 m2 (Abdali, 2012a) est toujours en cours avec seulement une ouverture partielle du site au cours de l'année 2014 (The Boulevard, 2015).

Évalué à plus de 5 milliards d'USD, le projet comprendra des appartements résidentiels haut de gamme, des espaces commerciaux, des hôtels et des appartements avec services, ainsi que des installations médicales et de divertissement. Le projet vise à prospérer en ciblant et en renforçant les secteurs attractifs du pays : le tourisme, le secteur médical et le secteur des affaires. Le boulevard et le centre commercial Abdali Mall accueilleront des marques internationales prestigieuses, créant ainsi une nouvelle destination commerciale haut de gamme au cœur même de la ville. Des chaînes hôtelières d'élite seront également développées afin d'attirer un nouveau groupe social touristique. Des centres médicaux dotés d'installations de pointe permettront de promouvoir Amman et Al-

Abdali en tant que centre régional de tourisme de santé. Et pour attirer les entreprises internationales et régionales, le projet a consacré un pourcentage important du développement à des espaces de bureaux intelligents et modernes (Abdali, 2012a).

L'objectif du projet Al-Abdali, tel qu'indiqué sur son site web, est de créer un nouveau "centre-ville moderne qui manquait jusqu'à présent à Amman, qui répondra aux exigences en matière de commerce et de style de vie, tout en créant des opportunités d'emploi supplémentaires et en provoquant un afflux sans précédent d'investissements en provenance de Jordanie et de la région" (2012).

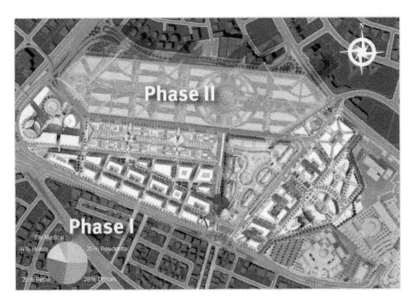

Figure 5, en haut : Le rendu 3D le plus diffusé de l'AURP placé dans un contexte réel (Abdali, 2012).

en bas : Le plan directeur du développement par Laceco Architects & Engineers (The Abdali Brochure, 2015).

Figure 6, ci-contre : Carte montrant le quartier d'Al-Abdali par rapport à la ville et au quartier d'Al-Madeinah (auteur, 2015).

Chapitre 4 : Méthodologie de la recherche

4.1 Plan de recherche, hypothèse et méthode

L'objectif de l'étude est de comprendre les processus et les conséquences des récents développements à grande échelle à Amman, en soulignant l'approche de la durabilité sociale et les effets socio-économiques. Pour ce faire, l'étude adopte une approche de recherche qualitative qui se concentre sur la compréhension du discours et du contexte dans lequel ces mégaprojets prévalent, en suivant l'approche contextuelle de Van Weesep pour expliquer la gentrification, car c'est le "comment" qui importe et joue différemment dans les différentes régions géographiques. Par conséquent, l'étude examine les forces économiques et politiques formelles, ainsi que les modèles sociopolitiques informels dominants, et leur rôle dans la formulation de la production et de la consommation de l'environnement urbain bâti d'Amman. La recherche examine l'hypothèse selon laquelle l'urbanisme néolibéral ne tient pas compte de la valeur sociale ni des aspects subjectifs du bien-être des habitants, et tend à se concentrer sur l'accumulation de capital, en investissant dans le seul but de gagner plus d'argent sous quelque forme que ce soit, en ciblant généralement les groupes aisés qui réalisent des profits rapides.

Cette étude est une étude de cas unique dans laquelle le problème de recherche est examiné à travers l'analyse de l'AURP, une étude de cas parfaite puisqu'il s'agit de l'un des premiers PPP (partenariats public-privé) de Mawared et du plus grand projet de développement immobilier de la ville jusqu'à présent, situé au cœur même de la ville dans un contexte urbain relativement pauvre.

La gentrification étant le processus principal de l'étude de cas et le déplacement son principal outil, la thèse analyse les effets en se référant et en s'adaptant aux formes de déplacement de Peter Marcuse (voir chapitre 2.2). En analysant l'impact complet du déplacement par le biais de changements économiques, physiques, d'unités individuelles et de quartiers (Marcuse, 1985), l'étude aboutira à une compréhension approfondie du processus et de l'influence de la gentrification au nom de l'AURP. Alors que l'approche de Marcuse pour mesurer le déplacement utilise une échelle plus finie se concentrant sur les unités résidentielles, ce travail adopte une portée plus large et plus inclusive de l'impact, ciblant les impacts sociaux intangibles concernant l'image et le style de vie de la ville.

Pour ce faire, une combinaison de méthodes a été employée, notamment l'examen de documents historiques et contemporains, textuels et visuels, des visites de sites, des entretiens avec des spécialistes de l'urbanisme ( ) et des professionnels liés au projet, ainsi que des entretiens avec le public influencé. Au total, sept entretiens semi-structurés approfondis et quelques entretiens courts ont été menés. Les entretiens semi-structurés améliorent l'atmosphère de la communication, ce qui permet à l'enquêteur d'adapter les questions à la situation et à la personne interrogée de se sentir plus à l'aise pour s'exprimer. Les sept principales personnes interrogées sont présentées dans le sous-chapitre suivant.

4.2 Personnes interrogées

• Yasser Rajjal : professionnel dans le domaine de la conception urbaine et ancien doyen de l'école d'architecture et d'environnement bâti à l'université allemande de Jordanie à Amman, actuellement assistant du président pour la communication et les relations publiques. Il a été directeur du département des études urbaines à Mawared, où il a participé aux premières étapes de l'AURP. Le département était responsable du programme et des exigences du développement, ainsi que du suivi du plan directeur avec les promoteurs. L'expérience du Dr. Yasser Rajja en tant qu'urbaniste et son implication dans le projet ont fourni un cadre rigide et un initié à la thèse.

• Frank Eckardt est professeur de sociologie urbaine à l'Institut d'études urbaines européennes de l'université Bauhaus de Weimar, en Allemagne. Il est titulaire d'un doctorat en sciences politiques et s'intéresse de près aux défis sociaux et culturels de l'urbanisme et du développement. Il a visité le site de l'étude de cas de la thèse en 2014 pour un atelier d'un projet appelé "Minorités urbaines" qui a collaboré avec l'Université Bauhaus de Weimar et plusieurs autres universités du Moyen-Orient. En tant qu'expert en gentrification, sa contribution et sa perspective ont été d'une grande utilité pour ce travail.

• Arch. Laith Al-Adwan : architecte pratiquant dans un cabinet de conseil multidisciplinaire pionnier en matière d'architecture et d'ingénierie, qui a travaillé sur plusieurs bâtiments de l'AURP. Arch. Laith Al-Adwan est également un ancien résident du quartier résidentiel déplacé où se trouve aujourd'hui le nouveau projet. Il a grandi et vécu avec sa famille dans cette maison pendant une vingtaine d'années. Ils ont été parmi les derniers à quitter le quartier, ce qui leur a permis d'assister à la majeure partie du processus de déplacement. L'architecture. Laith en tant qu'architecte, ainsi que son histoire et sa relation personnelle avec le site, ont contribué à soutenir ce travail.

• Hasan : un homme dont la famille a dû faire face au processus de déplacement du projet. La maison, dans laquelle il a passé son enfance et a résidé pendant un quart de décennie, a abrité sa famille de 1982 à 2003.

• Moath : un jeune adulte qui a vécu avec sa famille de 1990 à 2006 dans une maison construite par ses parents dans le même quartier déplacé.

• Sha'ban : un résident local qui vit dans la zone entourant le projet depuis plus de 15 ans. Il travaille depuis lors dans un restaurant Falafel adjacent au projet. Ce restaurant est l'un des plus anciens et l'un des rares à avoir survécu dans la zone avant le projet, avec environ 30 ans de service. L'entretien avec Sha'ban a permis d'avoir une perspective continue sur la zone, puisqu'il n'a pas été la cible du processus de déplacement, et a introduit le travail sur les influences liées au marché en expliquant l'histoire de la demande et de l'activité du restaurant en fonction du développement du projet.

• Mohammad : propriétaire d'un kiosque au marché du vendredi original d'Al-Abdali, situé à moins d'un kilomètre du mégaprojet, et au nouveau marché relocalisé qui se trouve maintenant à Ras El-Ain. L'explication de Mohammad et la comparaison des deux marchés du vendredi permettent de se faire une meilleure idée de la restructuration urbaine qui domine la région d'Al-Abdali.

Chapitre 5 : Analyse et résultats de la recherche

Ce chapitre présente les résultats de la recherche en soulignant le processus de développement et les influences de l'AURP sur le tissu environnant existant. Les résultats peuvent être classés en deux catégories principales : les résultats tangibles et les résultats intangibles. Les résultats tangibles décrivent les changements physiques et les effets créés, tandis que les résultats intangibles concernent le discours et les transformations sociales induites par le projet. Le chapitre commence par décrire le début du projet et révèle le contexte dans lequel il a été introduit, avant d'aborder les effets directs et indirects du processus d'embourgeoisement.

5.1 Contexte et responsabilité sociale

L'AURP est le résultat d'un ordre politique et d'une initiative royale visant à déplacer des camps militaires situés dans des zones urbaines de premier plan afin de fournir des terrains potentiellement aménageables. L'objectif principal était d'attirer les investissements internationaux en promouvant le "circuit secondaire" de l'environnement bâti jordanien dans l'espoir de stimuler l'économie nationale.

Les idées et les propositions relatives au projet ont été discutées au début des années 2000 au sein de deux grands groupes de discussion. Le premier groupe était composé d'experts urbains, principalement des architectes et des urbanistes, y compris d'éminents professionnels locaux tels que Ja'afar Tuqan, Rasem Badran et Farouk Yaghmour. Le second groupe était composé de promoteurs locaux et internationaux intéressés, dont des représentants du Saudi Oger Group. Les discussions ont porté sur l'applicabilité de trois propositions principales. L'une des options consistait à aménager un parc, une sorte de parc central pouvant servir de poumon vert à la région très dense, exactement ce qui manque au centre-ville. Les deux autres solutions consistaient à créer de vastes zones bâties et des bâtiments monumentaux. (Rajjal, communication personnelle, 2015)

Les réunions ont conclu à la difficulté de restreindre une zone aussi importante du centre ville d'Amman à des espaces verts, bien que le Dr Yasser Rajjal, directeur du département d'études urbaines de Mawared à l'époque, ainsi que de nombreux autres spécialistes de l'urbanisme, préfèrent personnellement cette option verte car la ville manque d'espaces de ce type. L'idée même de choisir une solution fortement urbanisée plutôt qu'une solution verte contredit l'approche revendiquée par Mawared et même son logo qui ressemble à un arbre national connu localement sous le nom de Butum Tree. Sur son site Internet, la société fait le lien entre sa responsabilité et l'arbre en déclarant que "comme l'arbre, les projets de Mawared répondent aux besoins des gens

32

en fournissant des espaces verts pour la détente et les promenades. Comme l'arbre, centre d'attraction, les projets de Mawared attireront les investisseurs et les visiteurs" (Mawared, 2010b). Il semble que Mawared ait donné la priorité aux investisseurs et aux visiteurs dans ce cas.

Figure 7 : Photographie aérienne du site en 2003 montrant la limite initiale du développement en trait plein, et la nouvelle limite qui inclut la ligne en pointillé. Les propriétés déplacées à l'époque n'étaient que les installations militaires situées sur les terrains vacants visibles à l'intérieur du périmètre initial (auteur, 2015 ; Google Earth).

Le projet a fait l'objet d'un appel d'offres ouvert, mais seuls quelques promoteurs ont manifesté leur intérêt. L'expérience du promoteur dans des projets d'une telle ampleur était l'une des principales conditions de l'appel d'offres, ce qui a eu pour effet d'exclure tous les promoteurs locaux. Seules deux propositions de plan directeur ont été conçues et développées par Laceco et HOK[1] sous la supervision du département des études urbaines de Mawared. Plus tard, Saudi Oger, le promoteur responsable du plan directeur de Laceco, a accepté de signer l'accord pour le projet, abandonnant le plan directeur de HOK. L'accord a permis la création d'un partenariat 50/50 entre Mawared et Saudi Oger sous la forme d'une société appelée Abdali Investment & Development pour le développement du site. La contribution de Mawared à la société était le terrain, tandis que Saudi Oger devait investir une somme d'argent équivalente à la valeur du terrain. (Rajjal, communication

---

1 Laceco et HOK sont des cabinets d'architectes et de consultants multidisciplinaires originaires respectivement du Liban et du Canada.

33

personnelle, 2015)

L'évaluation du terrain du site afin de déterminer l'investissement de Mawared a connu quelques problèmes et signes de corruption. En 2003, le département des études urbaines a estimé le terrain proposé pour le développement à une valeur d'environ 120 millions JOD, soit environ 180 millions USD (Rajjal, communication personnelle, 2015). Pourtant, l'accord ne mentionnait qu'une valeur de 30 millions USD pour les 330 000 m^2 , soit une estimation d'environ 90 000 JOD par donum^2 à une époque où un donum à Swefieh (l'un des quartiers huppés de la ville) se situait entre 800 et 900 000 JOD. La raison de cette dévalorisation reste vague, mais les problèmes et les rapports à l'Agence anti-corruption sur les performances financières et administratives de Mawared étaient fréquents (Jordan Times, 2010). Le directeur de Mawared a même été condamné à une peine de prison à un moment donné du projet.

D'autres signes de corruption ont prévalu dans les plans et les exigences du développement. Les changements apportés aux plans au cours du projet étaient fréquents, car des opportunités de développement plus rentables se présentaient. Par exemple, le périmètre initial du site proposé dans l'appel d'offres pour le développement s'est étendu après l'accord pour couvrir un total de 384 000 m2. Le site initial comprenait principalement le terrain appartenant à l'État et un quartier résidentiel adjacent. Le nouveau site a étendu la portée de l'expropriation pour inclure le Collège Al-Quds, l'Organisation Talal Abu-Ghazaleh et quelques autres bâtiments résidentiels et commerciaux. (Rajjal, communication personnelle, 2015)

En outre, l'une des principales composantes du plan directeur était dédiée à la communauté locale, dans le cadre de la responsabilité d'entreprise du promoteur à l'égard du secteur social (le promoteur, dans ce sens, est AID, composé à la fois de Mawared et de Saudi Oger). Le plan initial prévoyait une université, une place publique et une bibliothèque. L'université devait être l'établissement d'enseignement supérieur le plus central d'Amman et la première université américaine de Jordanie. Le terrain de la bibliothèque devait être un don à Amman dédié à l'ancien roi par Saudi Oger, laissant la responsabilité du développement à l'État. La place civique devait relier les trois bâtiments nationaux adjacents (la mosquée du roi Abdallah Ier, le palais de justice et le bâtiment du parlement) à la bibliothèque proposée, servant de centre culturel et de porte d'entrée au projet depuis l'est. À l'ouest, l'idée d'un pont piétonnier abritant un marché de l'or qui relierait le site au quartier environnant d'Al-Shmeisani a également été évoquée. Bien que des concours

---

2 Le donum, également connu sous le nom de donam, est une unité de surface couramment utilisée dans la région précédemment occupée par l'Empire ottoman. À l'époque, la taille du terme variait d'un endroit à l'autre. De nos jours, il est redéfini à 1000 m2.

aient été lancés pour ces projets, aucun de ces éléments n'a été réalisé et ils ont été remplacés par des bâtiments plus commerciaux et résidentiels. (Rajjal, communication personnelle, 2015)

On ne peut que se demander comment des éléments aussi importants d'un plan de développement ont pu être simplement modifiés en peu de temps. Des arguments peu clairs ont justifié ces modifications. Par exemple, l'annulation de la place civique était censée éviter la création d'espaces publics supplémentaires pour les manifestations à une époque d'instabilité politique au Moyen-Orient (ibid). La bibliothèque n'a apparemment pas trouvé de financement gouvernemental et les promoteurs n'avaient aucun intérêt à investir eux-mêmes dans la bibliothèque (Musa, 2013). Mais ce qui frappe le plus, c'est le retrait du plan universitaire. On pourrait imaginer qu'un tel plan repose sur une analyse approfondie de la demande d'enseignement supérieur dans la région. Cela ne semble pas être le cas de l'AURP, qui a subi des modifications aléatoires selon la volonté de l'entreprise, remplaçant des solutions respectueuses de la communauté par des options plus rentables.

5.2 Déplacement direct

En 2003, toutes les installations militaires et de sécurité existant sur le site ont été déplacées et un grand nombre de leurs bâtiments ont été démolis. Selon Rajjal, la relocalisation des différents départements a eu différents impacts psychologiques sur la communauté locale (communication personnelle, 2015). Par exemple, le retrait du département des renseignements généraux de la région a créé une sorte de soulagement et de réconfort parmi les résidents environnants. Cela est dû en partie à la responsabilité du département et à la gestion d'activités illégales et déplaisantes, ce qui ne le met pas entièrement en valeur comme lieu de voisinage. D'un autre côté, les forces armées générales de Jordanie ont une réputation et une image positives, c'est un symbole important du nationalisme et de la culture jordanienne avec des bâtiments relativement anciens qui remontent à l'époque du roi Abdallah Ier.

Le développement du projet a nécessité le déplacement de bâtiments privés et d'institutions supplémentaires. Dans les limites du site se trouvaient le Collège Al-Quds, l'Organisation Talal Abu-Ghazaleh (TAG), tout un quartier résidentiel, ainsi que d'autres bâtiments commerciaux et résidentiels dispersés.

Al-Quds College est un établissement d'enseignement supérieur privé de premier plan qui propose des programmes de formation professionnelle dans cinq domaines différents. Depuis sa création en 1980, environ 25 000 étudiants ont obtenu leur diplôme. L'université a déménagé son campus dans une zone située à la périphérie de la ville, près de l'aéroport principal, à plus de 10 kilomètres au sud du site d'Al-Abdali. Cette situation a eu un impact considérable sur le grand nombre d'étudiants et d'enseignants inscrits à l'université, en modifiant leurs habitudes de transport et en multipliant leurs frais de déplacement. D'un point de vue positif, la compensation financière offerte par les promoteurs au collège était tout à fait décente, ce qui l'a encouragé à s'étendre sur le nouveau site.

L'expropriation de l'organisation TAG est un cas intéressant. L'organisation a refusé de déménager et de se plier au pouvoir hégémonique des promoteurs. GAM s'est interposé en revendiquant d'autres plans pour cette propriété au nom du bien et de l'intérêt public. En conséquence, GAM a pu exproprier cette propriété, mais a ensuite vendu le terrain à AID, ce qui lui a permis de poursuivre ses projets. L'organisation TAG a poursuivi GAM, protestant contre l'intégrité de la procédure d'expropriation. Néanmoins, l'organisation a perdu le procès et a même été indemnisée pour une valeur financière relativement faible par rapport au potentiel et aux caractéristiques de la parcelle. (Rajjal, communication personnelle, 2015)

Les véritables victimes du processus de déplacement sont les anciens résidents du site. La zone abritait un quartier résidentiel relativement petit, composé de moins de 30 unités résidentielles. La plupart des bâtiments étaient des maisons dar auto-construites (voir chapitre 3.2) construites dans les années 1980 (Hasan, communication personnelle, 2015). L'architecte Laith compare le charme et le style des bâtiments à ceux présents à Jabal Al-Weibdeh, l'un des anciens quartiers d'Amman. Il est allé plus loin dans la description du décor du quartier en se souvenant de l'odeur du jasmin qui régnait l'après-midi, et des barbecues en été (communication personnelle, 2015). Tous les anciens résidents interrogés se sont accordés sur l'atmosphère amicale du quartier, expliquant le degré de familiarité entre les habitants en décrivant comment même les visites extérieures étaient remarquées par les autres (communication personnelle, 2015).

Les trois personnes déplacées interrogées ont passé leur enfance dans ce quartier spécifique et étaient tristes de le quitter, déclarant que s'il n'y avait pas eu le projet, elles et leurs familles n'auraient pas quitté leurs maisons (communication personnelle, 2015). Les personnes interrogées n'étaient pas satisfaites du processus de déplacement et du fait que les promoteurs n'aient pas inclus les habitants du quartier dans leurs plans de développement, ni même ne se soient adressés à eux personnellement, ce qui a été considéré comme un manque de respect. C'est la municipalité, agissant au nom des promoteurs, qui a communiqué avec les habitants, les a informés des nouveaux plans d'Abdali et a négocié la valeur de l'indemnisation. Les négociations ne se sont pas toujours déroulées sans heurts. Dans la plupart des cas, le montant offert était bien inférieur à celui demandé, selon les estimations immobilières. Hasan se souvient même d'une situation où le GAM a menacé un ménage inflexible de le déposséder de ses biens s'il ne coopérait pas (ibid).

Les résidents n'avaient pas le choix, le déplacement était inévitable. S'ils ne vendaient pas, le GAM aurait exproprié leurs propriétés (Rajjal, communication personnelle, 2015), tout comme dans le cas de l'organisation TAG. Si cette organisation de premier plan ne parvenait pas à conserver sa propriété, les résidents des classes inférieures et moyennes n'auraient aucune chance de résister aux plans des promoteurs. Le processus de déplacement mis en œuvre dans ce cas est la définition même du "déplacement forcé", la forme la plus extrême de déplacement (Marcuse, 1985).

Le déplacement du quartier ne s'est pas produit du jour au lendemain, les habitants ont progressivement déménagé au cours de quelques années. Cette situation a exercé une "pression de déplacement" sur les ménages restants, qui ont assisté au départ de leurs voisins. La pression était ici extrême, car le GAM démolissait instantanément chaque bâtiment exproprié. L'architecte Laith a été l'un des derniers à quitter le quartier, ce qui lui a permis de voir le quartier de son enfance dans un état de destruction totale et de ruine. "À la fin, j'ai eu l'impression d'être dans un contexte de guerre, comme si le quartier avait été bombardé. Du métal et de la poussière partout sur le sol, un chaos total " (Laith, communication personnelle traduite par l'auteur, 2015).

La plupart des habitants ont déménagé dans des endroits éloignés du centre-ville (communication personnelle, 2015). Cela est dû à l'indemnisation inconsidérée des ménages à une époque qui a vu une augmentation rapide de la demande et des prix de l'immobilier, à la suite de la guerre d'Irak de 2003. Par conséquent, les options et les lieux de résidence ont été réduits pour les personnes déplacées, en mettant l'accent sur les endroits éloignés où l'on peut s'offrir des propriétés plus spacieuses tout en économisant de l'argent. D'autres ont eu la chance d'acheter une nouvelle maison avant l'augmentation de la valeur des biens immobiliers, en réaction aux rumeurs sur le projet, ce qui leur a permis de bénéficier davantage de l'indemnisation, comme ce fut le cas pour la famille d'Hasan. Mais, comme la majorité, Hasan préfère l'emplacement de sa maison Abdali, déclarant "qu'elle était plus proche de tout. Elle était plus proche du lieu de travail de mon père décédé, de ma mère, de nos écoles. Abdali était au cœur même de la ville. Près d'Al-Hus- sein, d'Al-Shmeisani, de Jabal Amman, de Jabal Al-Weibdeh, et de la plupart des zones actives de la ville " (communication personnelle traduite par l'auteur, 2015).

Tous les habitants avaient leur part de souvenirs dans ce quartier, des souvenirs qui ne sont plus que des images mentales et des histoires sans aucun rapport avec le nouvel environnement physique. Leur longue relation historique avec le quartier a tout simplement disparu. En outre, aucun des anciens résidents interrogés n'a jamais visité le site après son déplacement et a répondu par un "non merci" lorsqu'on lui a demandé s'il envisagerait une offre pour vivre dans le nouveau lotissement (communication personnelle, 2015). Quelle que soit la valeur de la compensation financière, le coût de la compensation sociale ne peut jamais être couvert :

L'expulsion du quartier où l'on était chez soi peut être presque aussi perturbatrice pour le sens de la vie que la perte d'une relation cruciale. La dépossession menace toute la structure d'attachement par laquelle les objectifs sont incarnés, parce que ces attachements ne peuvent pas être facilement rétablis dans un service étranger (Marris, 1986 : 57).

Cependant, le déplacement ne s'est pas limité aux personnes et aux bâtiments, il a également concerné les arbres. Près de 750 arbres situés autour du quartier général des forces armées jordaniennes ont fait l'objet d'une demande d'abattage afin de mettre en œuvre les plans de la deuxième phase du développement. Malgré la résistance du ministère de l'Agriculture, le Cabinet a autorisé le déplacement, mais de seulement 541 arbres au lieu du total demandé, à condition qu'AID plante cinq arbres en échange de chaque arbre déraciné sur un terrain à Mafraq (Namrouqa, 2012). Ainsi, les vieux arbres existants, âgés de 90 ans, ont tout simplement été déracinés, et de nouveaux arbres ont été plantés à leur place dans un autre gouvernorat, à des dizaines de kilomètres d'Amman. Malheureusement, cette solution n'a fait qu'aggraver le problème des espaces verts dans la ville et a mis en évidence le pouvoir des promoteurs sur l'État.

Figure 8 : Carte du quartier résidentiel établie par l'un des anciens résidents. La carte comprend les noms des voisins et des installations environnantes. Dessinée presque dix ans plus tard, la

38

carte exprime l'atmosphère, la relation et la signification du site pour ses anciens résidents (Ghaith Al-Adwan, 2015).

5.3 Déplacement indirect

L'influence du déplacement ne se limite pas aux personnes situées dans la zone déplacée (Marcuse, 1985). Le milieu environnant peut également être affecté. Ces effets sont des résultats indirects, des effets secondaires de l'action initiale de déplacement. Ce chapitre décrit les déplacements indirects causés par le projet de développement.

5.3.1 Pression de déplacement

Les installations militaires et de sécurité de l'ancien site employaient des milliers de travailleurs dont dépendaient de nombreuses entreprises environnantes, en particulier des restaurants et des cafés. Après le déménagement des installations, de nombreuses entreprises n'ont pas pu faire face à cette énorme baisse de la demande qui s'est accompagnée d'une augmentation des loyers (Sha'ban, communication personnelle, 2015). En conséquence, le quartier a été témoin de la fermeture de nombreux lieux qui lui donnaient son charme et son caractère. Parmi les quelques restaurants qui ont survécu, le célèbre restaurant Zahrat Lebnan (la Fleur du Liban), , est en activité depuis une trentaine d'années et vit de sa réputation. L'entreprise a été considérablement affectée par les transformations de la région, notamment le déplacement des installations, du marché du vendredi et de la gare routière (ibid). Sha'ban, un habitant qui vit dans la région et travaille à Zahrat Lebnan depuis plus de 15 ans, explique que les affaires du restaurant étaient au mieux pendant les années de développement rapide du projet, avec l'arrivée temporaire d'un grand groupe de travailleurs de la construction sur le site (communication personnelle, 2015).

Suite à l'émergence de ce développement d'élite, la valeur immobilière de la zone environnante a augmenté (Rajjal, communication personnelle, 2015). Le jugement de cette augmentation est un signifiant vide, qui dépend de qui le remplit de sens. Elle peut être considérée comme positive par les propriétaires immobiliers d'origine, et négative par les locataires et les groupes intéressés. Cependant, il ne fait aucun doute que cette augmentation a provoqué des déplacements. L'"écart de loyer", c'est-à-dire la différence entre le loyer potentiel du sol dans la zone et le loyer réel qui en découle, a attiré les investissements de parties internes et externes. Ce faisant, les propriétaires initiaux sont déplacés en vendant leur propriété, ou déplacent les locataires qui l'occupent en augmentant les prix. Cela conduit à un embourgeoisement perpétuel.

En outre, le déplacement est soumis à une pression psychologique. Lorsque les habitants assistent au déplacement de leurs amis et voisins, à la liquidation des restaurants et magasins qu'ils fréquentent, à la délocalisation du marché environnant et des centres de transport public (Marcuse, 1985), ils perdent toute relation avec le site. " Je n'ai plus l'impression que le quartier est le nôtre " déclare Sha'ban, ajoutant que " les gens qui visitent le quartier maintenant sont d'une classe très élevée contrairement au contexte " (communication personnelle traduite par l'auteur, 2015). Les habitants sont encouragés à partir en raison des changements spectaculaires de leur environnement et par crainte de la hausse des prix. La pression du déplacement s'accentue avec l'arrivée de nouveaux ménages prospères et l'ouverture de magasins et de restaurants qui ciblent la nouvelle clientèle (Marcuse, 1985). Dans le cas d'Al-Abdali, un grand nombre de nouvelles entreprises importantes ont envahi le quartier. Des entreprises dont les contrats de location représentent au minimum le triple des anciens contrats existants, qui ont également augmenté (Sha'ban, communication personnelle, 2015).

Figure 9 : Pression de déplacement sur les bâtiments environnants d'origine. La pression est amplifiée avec l'émergence des grands bâtiments monumentaux de l'AURP (auteur, 2015).

Figure 10 : Propriétés mises en vente dans le cadre de l'AURP (auteur, 2015).

Figure 11 : Commerces proposés à la vente à côté du " nouveau centre-ville ". Remarquez le reflet d'un bâtiment de l'AURP sur la photo du bas (auteur, 2015).

Figure 12 : Nouvelles constructions et reconstructions dans le cadre de l'AURP (auteur, 2015).

Figure 13 : De nouveaux magasins et restaurants haut de gamme s'installent dans le quartier (auteur, 2015).

5.3.2 Déplacement à des fins d'exclusion

Comme les habitants préexistants sont poussés à partir, les nouveaux arrivants sont filtrés. Le principal élément de filtrage étant les prix, les nouvelles valeurs élevées des loyers, des biens immobiliers, des produits de base et des services résultant du processus d'embourgeoisement. Tous ces changements empêchent les ménages ayant un statut social similaire à celui des personnes déplacées de s'installer, ce qui les exclut et réduit leur choix de vie dans la ville. Pour donner une idée de l'énorme transformation des prix dans le quartier, Sha'ban cite le loyer mensuel de mille JOD d'un nouveau magasin adjacent de 24 m², un chiffre énorme par rapport à la moyenne de 200/250 JOD des anciens contrats de location (communication personnelle, 2015). Cet écart démontre la nature des espaces commerciaux dominants dans la zone.

Quant au projet lui-même, il ne permet pas l'installation de n'importe quel groupe social. Dans les tours, un mètre carré résidentiel coûte environ 2500 JOD (Rajjal, communication personnelle, 2015 ; Laith, communication personnelle, 2015 ; DAMAC official, communication personnelle, 2015). Lorsque le projet a vu le jour, aucun autre bien immobilier à Amman ne s'approchait de ce chiffre[3]. Aujourd'hui, on peut trouver des appartements coûtant plus de 200 mille JOD dans des quartiers riches d'Amman comme Abdoun, mais ils sont plus spacieux que ce qui est proposé à l'AURP pour le même prix[4]. De tels prix paraissent également surprenants si l'on considère le salaire moyen en

---

3 Pour avoir une idée des prix moyens de l'immobilier à Amman en 2007, voir le tableau 3 en annexe. Le tableau montre que le prix moyen le plus élevé pour le mètre carré était dans la région de Khalda, avec une valeur de 374 JOD pour les espaces résidentiels et 977,78 JOD pour les espaces commerciaux. Dans le district d'Al-Abdali, la moyenne a atteint 272,50 et 507,50 JOD pour les espaces résidentiels et commerciaux respectivement (à l'exclusion du mégaprojet).
4 Déclaration basée sur une comparaison des prix moyens de l'immobilier entre Abdoun et la propriété de DAMAC, The Heights at AURP. Les studios et les appartements individuels situés au premier étage de l'immeuble de grande hauteur, d'une superficie d'environ 90 m2, ont été proposés dans une fourchette de prix de 200 000 JOD. Les prix augmentent avec la hauteur de l'étage.

Jordanie qui est estimé à 5200 JOD, et la statistique selon laquelle environ 50% des employés reçoivent un salaire de l'ordre de 300 JOD (Department of Statistics, 2013).

Des studios, des appartements à une, deux et trois chambres ainsi qu'une sélection de penthouses seront proposés comme espaces résidentiels dans le nouveau développement. Des prix et des récompenses ont même été offerts afin de promouvoir les propriétés d'AURP. DAMAC Properties, l'un des promoteurs immobiliers d'AURP, a annoncé qu'il offrait une voiture Jaguar flambant neuve aux 25 premiers acheteurs d'appartements de trois chambres (Al-Bawaba, 2006). D'autres promotions comprenaient même un jet privé (Rajjal, communication personnelle, 2015 ; Laith, communication personnelle, 2015).

Les promotions et les prix du projet montrent clairement qu'il s'adresse à l'élite de la société, excluant ainsi la majorité des Jordaniens. Selon un responsable de DAMAC Properties, le nombre d'unités résidentielles disponibles est déjà limité à The Heights, alors qu'il reste encore quelques années avant son ouverture[5] (communication personnelle, 2015). The Heights, l'une des propriétés en développement de DAMAC à AURP, offre plus de 200 unités résidentielles avec des technologies et des services de pointe. La source va plus loin dans la description des vendeurs en déclarant que "des personnes de Jordanie, de Dubaï, du Koweït, d'Arabie saoudite, de Londres et d'autres qui ont des affaires en Jordanie ont investi dans notre propriété de premier ordre" (ibid). En conséquence, on peut supposer que l'ensemble de l'AURP, qui offre des variations de propriétés dans la même gamme de prix, est destiné à servir les **hommes d'affaires internationaux et les jet-setters**[6] qui sont principalement originaires des États du Golfe. Cette nouvelle race de "super-gentrifieurs" (Butler & Lees, 2006) est un groupe qualitativement étranger à la communauté locale qui possède un niveau de vie très élevé qui lui permet d'acheter des biens immobiliers hors de prix et de profiter d'activités de loisirs onéreuses à l'AURP.

La conception de l'aménagement lui-même était également un facteur d'exclusion. Les plans d'aménagement initiaux mettaient l'accent sur la connexion du site à son environnement par le biais d'une place civique, d'une bibliothèque et d'un pont piétonnier sur le thème du marché. L'annulation de tous ces éléments de connexion a abouti à une "île isolée" (Yasser, communication personnelle, 2015). Le projet se termine donc brusquement par des bâtiments modernes et de

---

D'un autre côté, un tel prix permettrait d'acheter un appartement d'au moins le double de la taille et du nombre de chambres à Abdoun. Sans compter, bien sûr, les services de luxe. Comparaison basée sur des données recueillies en 2015 sur le site web "Abdoun Real Estate" et sur une communication personnelle avec un responsable de DAMAC.
5 La déclaration doit être traitée avec prudence car elle repose exclusivement sur le récit d'un employé de DAMAC qui pourrait ajuster les informations au profit de l'image et de la propriété de la société qu'il représente.
6 Un jet-setter est un membre d'un groupe social élevé qui mène une vie glamour en voyageant fréquemment.

grande hauteur qui s'opposent au contexte, et par une clôture d'arbres alignés qui séparent le développement de son environnement, contribuant ainsi à l'isolement.

En outre, le Boulevard[7] a été le théâtre de l'émission d'un ticket d'entrée pour son espace supposé public à l'AURP (Rajjal, communication personnelle, 2015 ; Laith, communication personnelle, 2015). Cet acte exclut automatiquement ceux qui n'ont pas les moyens de s'offrir des loisirs aussi coûteux. L'espace public semble disparaître sous la planification néolibérale, les espaces deviennent semi ou entièrement privatisés (Harvey, 2011). Heureusement, la décision n'a pas duré longtemps après une forte opposition de la part des activistes. Cependant, l'exclusion typique du genre est inévitable. Non seulement le boulevard est doté d'un système de sécurité lourd comprenant un grand nombre de caméras et de capteurs , mais il est également très sélectif dans la manière dont il choisit sa clientèle. Les points d'accès sont occupés par des agents de sécurité qui ont le feu vert pour refuser l'entrée à ce qu'ils prétendent être des groupes indésirables, généralement de jeunes hommes jordaniens[8] . Les jeunes hommes d'Amman sont souvent blâmés pour leurs préoccupations en matière de sécurité et de confort, en particulier ceux des femmes, et sont souvent exclus des espaces consuméristes fermés tels que les centres commerciaux.

---

7 Le boulevard est une voie piétonne de 370 mètres de long à l'AURP, entourée d'une douzaine de bâtiments à usage mixte qui offrent des espaces commerciaux et de loisirs haut de gamme.
8 L'auteur lui-même s'est vu refuser l'accès au boulevard lors d'une visite du site en 2015.

Figure 14 : Espaces commerciaux luxueux sur le boulevard à AURP (auteur, 2015).

Figure 15 : Sécurité exceptionnelle aux points d'entrée et aux espaces du boulevard à AURP (auteur, 2015).

5.3.3 Image et discours

Les promoteurs ont déployé des efforts supplémentaires pour promouvoir le projet. Initialement annoncé comme le "nouveau centre-ville d'Amman", le slogan visait à souligner l'importance du développement et sa centralité, dans l'espoir de susciter davantage d'intérêt et de prise de conscience. Mais le slogan a reçu plus d'attention que prévu. De nombreuses voix se sont élevées pour s'opposer à l'idée d'un nouveau centre-ville et affirmer le centre-ville d'origine. Par la suite, les publicités et les bulletins d'information de l'AURP ont commencé à faire référence au développement comme étant le quartier central des affaires.

À Amman, la publicité sur le projet a pris de nombreuses formes, allant d'immenses panneaux d'affichage ([9]) à des articles de journaux. Les publicités présentaient les installations disponibles

9 Il y a même eu "la plus grande enseigne extérieure du Levant" affichée sur l'une des façades d'un bâtiment de la rue Al-Madina, dans l'ouest d'Amman. Le panneau d'affichage a été "utilisé pour montrer l'ampleur et la grandeur du projet" (AID, 2010).

dans le lotissement comme des exigences spectaculaires et haut de gamme pour atteindre le statut social élevé réifié, un statut qui était également mis en avant et ancré dans la contemplation des résidents. La rhétorique des promotions promettait un mode de vie luxueux et exclusif dans un environnement contrôlé au cœur même de la ville. Des slogans tels que "Des affaires qui vous conviennent", "Des expériences que vous désirez" et "Un style de vie auquel vous aspirez" dominaient les titres des publicités de l'AURP (AID, 2010). L'intention est tout à fait claire et évidente, comme l'a déclaré le PDG du boulevard Abdali dans la lettre d'information de l'AID (2011) : "Le boulevard ne changera pas seulement un ou deux aspects de la vie des Ammaniens. Il changera l'ensemble du mode de vie, qu'il s'agisse des affaires, des divertissements ( ), du shopping, de la santé ou de la gastronomie, pour devenir un centre vers lequel les Jordaniens et les touristes graviteront." Le discours du projet vise à inciter les Ammanais à la consommation et à une "société du spectacle" en encourageant le mode de vie d'une minorité en Jordanie, un mode de vie qui intéresse AID car il est susceptible de générer plus de profits.

En outre, l'AID s'est beaucoup intéressée à l'image moderne du projet, estimant qu'elle renforçait la compétitivité et l'attractivité du développement à plusieurs niveaux. L'image a été inspirée par d'autres centres-villes modernes dans diverses villes du monde où les bâtiments monumentaux brillent par leurs matériaux de finition dominants et leurs qualités tectoniques de pointe, en plus de leur réputation et de leur association avec d'éminents architectes.

Afin d'atteindre cette image, les promoteurs ont engagé Laceco pour concevoir le plan directeur du développement. Laceco est un cabinet d'architecture et de conseil international basé à Beyrouth, au Liban. Auparavant, ce même cabinet a participé au processus de planification de l'un des plus grands développements de Beyrouth, le Beirut Central District. Le projet visait à reconstruire et à développer une zone dévastée du centre-ville qui a subi la guerre civile libanaise. Développés par les mêmes concepteurs, et même le même investisseur principal (Rafic Hariri), les deux projets

Figure 16 : La rhétorique dominante dans les espaces à l'intérieur et autour du développement (auteur, 2015).

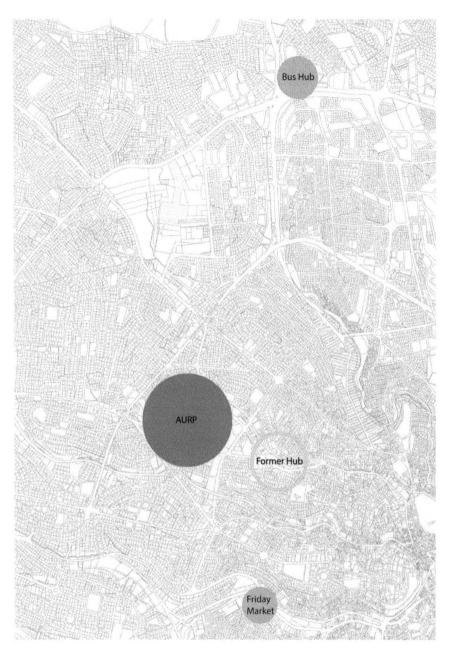

partagent une image et un style similaires qui sont censés placer les villes respectives sur le marché mondial. Sous l'effet de la mondialisation et de la planification néolibérale, les villes commencent à se ressembler et à perdre leur identité originale.

Dans ses projets pour l'AURP, Laceco a introduit sept gratte-ciel ainsi que d'autres bâtiments de grande hauteur. Les gratte-ciel sont devenus des signes essentiels de modernité dans le monde entier, principalement en raison de leur association avec les pays développés. Malgré les réglementations et les conditions initiales relatives au développement d'immeubles de grande hauteur à Amman, les promoteurs ont facilement pu influencer la GAM pour légitimer les immeubles de grande hauteur sur le site afin de poursuivre leurs projets (Rajjal, communication personnelle, 2015 ; Musa, 2013). Dans le cadre de l'AURP, les immeubles de faible hauteur ont été remplacés par des immeubles de grande hauteur, ce qui a modifié le caractère et l'image du quartier.

À plus grande échelle, le projet a également influencé l'image de la région. L'AURP a encouragé l'État à s'emparer du "fossé des loyers" qui s'est creusé dans son quartier. Ce faisant, les processus de redéveloppement par la " discipline " des populations indésirables sont encouragés afin que l'image de la ville, qui est cruciale dans la concurrence pour les investissements, ne soit pas " compromise par la présence visible de ces groupes très marginalisés " (MacLeod, 2002, p. 602). Al-Abdali comprend un certain nombre de "poches de gentrification potentielle" (Marcuse, 1985 : 204), des zones de développement de premier ordre, telles que la zone adjacente de l'ancien centre de transport d'Abdali, qui accueillait également le marché du vendredi.

Le déplacement de la gare routière en 2007, qui se trouvait à moins d'un kilomètre du site de développement, a eu un impact important sur la région. Avant que la zone ne soit désignée comme le "nouveau centre-ville", Al-Abdali était la principale plaque tournante des transports publics[10] vers le nord. Ce centre a été déplacé à Tabarbour, dans la périphérie nord de la ville, conformément aux plans de régénération de la zone. Des propositions ont été présentées, mais aucune n'a été mise en œuvre (Rajjal, communication personnelle, 2015). Néanmoins, la dislocation a eu une influence majeure sur les navetteurs[11] et les services qui dépendent de la gare routière d'Al-Abdali. La zone entourant le centre était remplie de garages et d'ateliers d'entretien automobile non professionnels qui ont perdu leur activité avec la relocalisation.

Le marché du vendredi[12] a profité de cette relocalisation et de l'absence de régénération pour

---

10 Les transports publics en Jordanie sont limités aux services automobiles qui comprennent les bus, les taxis et les taxis collectifs.

11 À Amman, la possession d'une voiture est courante et préférable. Les navetteurs qui dépendent des transports publics sont ceux dont le statut social est bas et qui ne peuvent pas se permettre les dépenses liées à une automobile. Les personnes déplacées interrogées utilisaient fréquemment la gare routière, mais n'en étaient pas totalement dépendantes, et ne faisaient donc pas partie de ce groupe social (communication personnelle, 2015).

12 Le marché du vendredi est un marché local hebdomadaire en plein air qui se tient le week-end et qui a été un élément important d'Al-Ab-Dali pendant une longue période.

Figure 17 : Les nouveaux emplacements de la gare routière et du marché du vendredi par rapport à l'AURP (auteur, 2015).

étendre à environ 1300 kiosques au fil des ans. À la fin de l'année 2014, le marché Al-Abdali a été déplacé, ce qui était attendu depuis longtemps. Le processus ne s'est pas déroulé sans heurts, car les vendeurs et les usagers s'y sont opposés, affirmant que des milliers de familles dépendent de ce marché essentiel (Mohammad, communication personnelle, 2015). Un certain nombre de vendeurs ont tout simplement refusé l'ordre d'évacuation et ont continué à exploiter leurs kiosques pendant des semaines après le dernier jour du marché. Finalement, le déplacement a été forcé par la police qui a dispersé les manifestants et pris le contrôle du site (ibid).

Le marché a été déplacé sans justification claire (ibid) sur le site de l'ancienne fabrique de cigares de Ras El-Ain, situé également dans le centre-ville mais plus éloigné de l'AURP. Le nouveau site limité n'a pas pu accueillir tous les anciens vendeurs car il n'offre que 400 emplacements de kiosques. De plus, les espaces sont désormais à louer, contrairement au cas informel d'Al-Abdali. Presque tous les commerces ont été dégradés dans le nouveau site. L'introduction de loyers a entraîné une augmentation des prix des marchandises, ce qui a eu pour effet de minimiser la principale caractéristique du marché, à savoir les prix réduits. Le nouvel emplacement a également été considéré par beaucoup comme inapproprié et décourageant, car il manque d'espaces de stationnement et d'accessibilité pour les piétons (Mohammad, communication personnelle, 2015).

En résumé, le quartier a été nettoyé des groupes "non présentables" et de leurs centres. La gare routière et le marché du vendredi ont simplement été déplacés après des décennies de fonctionnement à Al-Abdali. Ce déplacement a exclu les installations et les utilisateurs préexistants du voisinage d'AURP. Ce faisant, peu d'attention a été accordée aux groupes affectés. Il semble que l'État ait été très occupé par l'"embellissement" du centre-ville et de son image dans l'espoir de créer davantage d'opportunités d'investissement, aux dépens de la population locale.

Figure 18 : Le site de l'ancienne gare routière un vendredi, qui était le jour le plus animé en raison du marché.

La photo du bas montre la fermeture de certains garages adjacents en raison d'une baisse d'activité (auteur, 2015).

Figure 19, en haut : L'ancien site du marché du vendredi (Jordan Times, 2014).

au centre : Le nouveau marché du vendredi, relativement inactif (auteur, 2015).

en bas : Un graffiti émouvant sur le nouveau site du marché. Une réponse à l'excuse de " l'embellissement " de la relocalisation forcée, traduite par " Nos marchés [...] Are clean through its people" (auteur, 2015).

Chapitre 6 : Conclusion

6.1 Destruction créative

L'AURP a eu un impact considérable sur Amman, initiant un processus de restructuration urbaine dans la ville. Compte tenu de son emplacement historique, de sa centralité et de son échelle, le projet avait un grand potentiel pour rayonner à travers le contexte et la communauté. Néanmoins, le développement n'a accordé que peu d'attention au secteur social, malgré de nombreux discours officiels tels que "Notre succès dépendra de nos relations avec nos partenaires et la communauté, c'est pourquoi dans chaque aspect de la conception, nous avons pensé aux meilleurs moyens de répondre aux besoins d'Amman tout en prenant en compte les aspects sociaux et environnementaux du développement de la ville ", déclaré par le président de la société (Barbir, 2012), et " Abdali Psc s'est donné pour priorité de contribuer aux besoins d'Amman et de prendre en compte les aspects sociaux et environnementaux de son développement ", décrit dans la lettre d'information du projet (AID, 2008). L'entreprise a lancé un programme social appelé " Ru'yatuk " (Mawared, 2010c ; AID, 2008), mais ses activités concernent principalement des groupes cibles externes. Un exemple est le programme " Najah " qui se concentre sur les groupes de jeunes défavorisés d'Al-Jiza, un district situé à plus de 30 km au sud du centre-ville (ibid).

Les promoteurs de l'AURP n'ont pas tenu compte de l'avis des habitants du site et des environs sur la manière dont la zone devrait être développée ou sur l'impact du projet sur eux. Les plans ont même été finalisés avant l'acquisition de la propriété privée sur le site. Le projet a introduit des installations et des services haut de gamme qui ne correspondaient pas aux besoins, aux capacités ou au mode de vie de la population locale. Ils ont plutôt été importés de pays plus développés où les habitudes de consommation sont élevées.

Harvey affirme que l'urbanisation "a joué un rôle crucial dans l'absorption des excédents de capital et l'a fait à des échelles géographiques de plus en plus grandes, mais au prix de processus de destruction créatrice en plein essor qui impliquent la dépossession des masses urbaines de tout droit à la ville" (2012 : 22). Ces processus sont généralement associés à la classe sociale, car ce sont principalement "les pauvres, les défavorisés et ceux qui sont marginalisés par rapport au pouvoir politique" qui sont touchés (Harvey, 2012:16). À Al-Abdali, la destruction créative a visé d'importantes installations militaires et de sécurité, des établissements d'enseignement, des installations commerciales , des bâtiments résidentiels[13] , et même un grand nombre de vieux

---

13 Il est important de mentionner qu'aucune des personnes déplacées interrogées n'a visité l'AURP plus d'une fois depuis leur relocalisation, c'est-à-dire depuis une dizaine d'années (communication personnelle, 2015).

arbres. Ces éléments ont été déplacés par la force, une force réelle, contrairement aux effets impersonnels des "tendances du marché" (Marcuse, 1985). La gare routière environnante et le marché du vendredi ont également été victimes du processus. Indépendamment de l'intention réelle derrière les relocalisations, il semble y avoir un plan clair pour "embellir" le quartier du développement par le déplacement de groupes "indisciplinés".

Le slogan original du projet, "Un nouveau centre-ville pour Amman", décrit parfaitement le risque et l'effet qu'il aura sur la structure de la ville. Le centre-ville d'origine étant situé à moins de deux kilomètres, le nouveau projet concurrencera et attirera peut-être plus d'utilisateurs grâce à sa rhétorique glamour et à son architecture brillante. Si l'on tient compte des fonctions proposées, à savoir un parc de technologies de l'information, un centre de tourisme médical, des installations d'enseignement supérieur et des espaces résidentiels commerciaux haut de gamme, le développement marginalisera certainement les utilisateurs de l'ancien centre-ville qui n'ont pas les moyens de bénéficier de ces services et qui se rendront rapidement compte qu'ils n'y ont pas leur place.

6.2 L'embourgeoisement à Amman

L'étude de cas de l'AURP, le plus grand projet immobilier d'Amman, a montré que les forces motrices, les processus et les impacts de la transformation urbaine dans la ville sont très similaires à ceux qui dominent les théories globales de l'environnement bâti urbain. L'embourgeoisement est un sous-produit de l'urbanisation haut de gamme dans la ville très dense d'Amman. Le processus semble inverser l'ancienne tendance de l'habitat, dans laquelle la classe supérieure résidait loin du centre ville. Alors que cette classe se "réapproprie" le centre-ville, les pauvres sont poussés hors de la zone par les forces réglementaires et les forces du marché. L'embourgeoisement a entraîné le déplacement et l'exclusion des groupes originaux de la classe moyenne et de la classe inférieure, ainsi que de leurs centres et services.

Cependant, l'embourgeoisement à Al-Abdali n'est pas seulement un "remaniement spatial" des populations existantes dans la ville (Marcuse, 1985), c'est plutôt un afflux de nouveaux groupes riches de la région, car la majorité de la population locale n'a pas les moyens de s'offrir les équipements et les services proposés à l'AURP. L'instabilité permanente de nombreux pays du Moyen-Orient et la disponibilité d'espaces haut de gamme à Al-Abdali ont fait du centre-ville d'Amman un havre de paix pour les résidents et les entreprises prospères de toute la région. On peut supposer que la plupart des espaces de l'AURP seront occupés par des hommes d'affaires fortunés, souvent originaires des pays du Golfe, comme l'a montré une communication avec un responsable de DAMAC. Alors que l'embourgeoisement décrit normalement l'arrivée de groupes de classe moyenne dans la zone embourgeoisée, le cas d'Al-Abdali concerne une classe sociale beaucoup plus élevée. Ces "super-gentrifieurs" ont un style de vie très luxueux et des habitudes de consommation très élevées qui leur permettent de posséder plusieurs maisons dans la région. Le résultat à Al-Abdali sera des logements vides pendant la majeure partie de l'année, comme c'est le cas à Beyrouth[14] et dans beaucoup d'autres villes du monde. Par conséquent, les gentrifieurs d'Al-Abdali n'auront pas le même impact sur la structure locale que dans les cas plus courants de gentrification.

À Amman, les mécanismes de développement urbain sont soumis à l'élite et aux privilégiés économiques. Mais contrairement aux économies capitalistes avancées, les promoteurs ne sont pas complètement séparés du gouvernement. L'AURP, comme la plupart des projets d'embourgeoisement dans des contextes néolibéraux similaires, a été piloté par le capital mondial et facilité par le gouvernement, mais il a également été partagé par l'État. Une société d'investissement publique (Mawared) a été créée non seulement pour superviser le développement des sites militaires urbains dans les villes jordaniennes, mais aussi pour établir des partenariats avec les promoteurs sous la forme de PPP. Le directeur de Mawared est le seul représentant du gouvernement au sein du Psc d'Abdali. (Rajjal, communication personnelle, 2015). Ainsi, comment une partie prenante submergée par le profit peut-elle représenter et satisfaire les demandes du public pauvre ? D'autre part, pourquoi un investisseur privé international se soucierait-il individuellement de la communauté locale ?

6.3 Immobilier spéculatif

Harvey affirme que l'absorption du capital a introduit "beaucoup de projets d'urbanisation fous qui n'ont absolument rien à voir avec les besoins réels de la masse des populations", ils sont simplement développés et ensuite spéculés (2011 : 36). A un moment ou à un autre, les dettes sont dues et quelqu'un doit payer (ibid). A Al-Abdali, l'émission de tickets d'entrée dans l'espace supposé public du Boulevard dénote cet argument.

Les fonctions et services proposés à Al-Abdali ont-ils donc été produits à partir d'une analyse approfondie ? Selon Rajjal, AID a engagé un cabinet professionnel pour réaliser une étude de marché, mais celle-ci n'a pas accordé beaucoup d'attention à la communauté locale (communication personnelle, 2015). L'entreprise justifie son plan directeur en décrivant des chiffres

---

14 Pour en savoir plus sur l'embourgeoisement à Beyrouth, voir "Capital, state and conflict : the various drivers of diverse gentrification processes in Beirut, Lebanon" par Marieke Krijnen et Christiaan De Beukelaer dans "Global Gentrifications, Uneven development and displacement" (Lees et al., 2015).

statistiques généraux :

Selon les estimations actuelles du Département des statistiques, la population s'élève à 5,67 millions d'habitants et devrait croître de 2,26 %. La population jordanienne est également relativement jeune, avec un âge médian de 20,1 ans en 2005, ce qui représente un fort potentiel pour l'avenir du secteur immobilier, car la jeune population vieillit et se marie, et a besoin d'avoir son propre logement. Le nombre de touristes dans le Royaume a également augmenté de façon constante, de 21,5 % en 2004, puis de 4,1 % en 2005 et de 13 % en 2006. En 2006, le nombre total de visiteurs s'élevait à 6,57 millions (dont 3,35 millions de visiteurs à la journée et 3,23 millions de visiteurs avec nuitée). Ces chiffres élevés ont mis en évidence une grave pénurie d'hébergement hôtelier dans tout le Royaume. (AID, 2008)

Il n'est pas réaliste de justifier un développement aussi massif au cœur même de la capitale par des statistiques relatives à la démographie et au tourisme du pays. Tout d'abord, les chiffres croissants du tourisme en Jordanie n'incluent pas nécessairement Amman. La Jordanie abrite Petra, Wadi Rum, la mer Morte et d'autres sites uniques indépendants de la capitale. Les promoteurs espèrent que le brillant "New Downtown" ajoutera Al-Abdali à la carte touristique de la Jordanie. Mais alors, pourquoi irait-on voir un développement qui existe dans presque toutes les autres villes du monde (Harvey, 2011) ? Le centre-ville original, en revanche, est une attraction majeure d'Amman en raison de son histoire, de son caractère informel et de son architecture vernaculaire.

Deuxièmement, les planificateurs semblent avoir supposé que l'augmentation de l'offre sera satisfaite par la demande sans cesse croissante de logements en Jordanie. Cependant, considérer la population croissante sans analyser la structure socio-économique du pays et, plus important encore, de la ville, défavorisera très certainement le développement. Comme le montre le chapitre 5.3.2, la situation économique de la majorité des Jordaniens ne leur permet pas de bénéficier d'installations et de services aussi onéreux. A travers le discours du projet et la rhétorique de , les promoteurs visent à encourager le type de classe moyenne qui est certifiée pour les prêts à investir dans le développement. Mais ils comptent davantage sur la demande saisonnière des riches expatriés et des touristes des pays du Golfe "qui souhaitent échapper à la chaleur dans leur propre pays" (AID, 2008). Quarante-trois pour cent de la surface bâtie totale du projet, soit deux millions de mètres carrés, sont destinés à des espaces résidentiels (Abdali, 2012a). La question qui se pose alors est de savoir si cette demande soutenue permettra de satisfaire l'énorme offre.

6.4   La nouvelle image d'Amman

Al-Abdali était l'un des quartiers les plus importants pour les habitants à bas salaires de la ville. Les usagers ont développé des significations et des relations avec ses bâtiments, ses allées, ses rues et ses trottoirs, car c'est dans ces espaces qu'ils existent et interagissent. Pour beaucoup d'entre eux, ces "espaces d'hétérotopie" sont les seules possibilités de participer à la ville. L'AURP a remplacé ce groupe et ses centres informels par une race de "super-gentrifieurs" vivant au-dessus de la ville. La zone a été transformée en une île consumériste haut de gamme où les qualités de l'urbanité sont devenues des "marchandises" (Harvey, 2012).

Partageant le même cabinet d'études et le même promoteur, l'AURP ne sera pas très différent du Central Business District de Beyrouth ou de n'importe quel autre centre-ville néolibéral. En termes d'impact visuel, le projet ajoutera sept gratte-ciel supplémentaires à la ligne d'horizon peu élevée d'Amman. Le site est situé sur un terrain relativement élevé dans la ville, à environ 900 mètres au-dessus du niveau de la mer (Abu-Ghazalah, 2007). En conséquence, les gratte-ciel proposés deviendront les nouveaux points de repère de la ville qui s'élèveront au-dessus des minarets et des dômes d'origine.

Abdali Psc. a fortement insisté sur l'image moderne de son développement en mettant l'accent sur la durabilité, mais uniquement la durabilité environnementale. Le respect des normes LEED a été encouragé par l'entreprise qui a consacré une page entière de son site web aux initiatives vertes et au soutien. L'image de marque écologique est utilisée comme stratégie de marché pour attirer les consommateurs.

Figure 20 : Les nouveaux "minarets" d'Amman (auteur, 2014).

une population plus riche qui présente indirectement la rhétorique des Jordaniens comme des citoyens de haut niveau respectueux de l'environnement.

La promotion de l'image s'est également étendue à l'environnement universitaire. Dans le cadre de son rôle civique, l'entreprise a soutenu le projet de fin d'études d'un groupe d'étudiants de l'une des universités d'architecture les plus réputées de Jordanie. Le projet comprenait la conception d'immeubles de grande hauteur répondant aux spécifications et aux exigences du "nouveau centre-ville" (AID, 2007). De telles initiatives peuvent grandement influencer la nouvelle génération d'architectes et avoir un impact à long terme sur la ville.

Le "succès" de l'AURP entraînera d'autres développements de même nature, transformant progressivement le caractère et l'identité d'Amman. Une ville qui était autrefois connue pour ses montagnes, son échelle humaine et son architecture vernaculaire sera, si cette tendance se poursuit, connue pour ses tours et ses quartiers d'affaires.

6.5 Une meilleure planification de l'avenir

Cette thèse appelle à une approche meilleure et plus sensible de la planification. Une approche qui comprenne les avantages du capital et des investissements mondiaux, mais qui prête également attention aux besoins et aux exigences du contexte local sans différenciation entre les groupes sociaux, reconnaissant la ville comme un "droit" fondamental plutôt que comme une "marchandise" économique.

La pression de l'embourgeoisement sur les centres-villes va s'accentuer. Si l'embourgeoisement peut présenter un certain nombre d'avantages pour la ville, tels que l'amélioration de la qualité physique des logements et l'attraction de résidents à revenus plus élevés, il entraîne également des déplacements et des perturbations pour les résidents d'origine (Marcuse, 1985). Malheureusement, il ne s'agit pas simplement de peser les avantages et les inconvénients, car le processus implique différents groupes cibles. Si cette tendance se poursuit, les possibilités de logement abordable dans la ville seront réduites et les résidents à bas salaires seront perpétuellement déplacés à la périphérie de la ville qui ne cesse de croître. La solution devrait être applicable et ne pas refuser la gentrification mais atténuer le problème du déplacement. Par conséquent, "la question peut au moins être avancée à une discussion sur "comment faire au mieux" plutôt que "si" pour éviter le déplacement" (Marcuse, 1985).

"La politique générale adoptée dans les villes du Moyen-Orient consiste à élaborer des plans directeurs pour modifier l'utilisation existante des sols en fonction de nouveaux objectifs de croissance. Beaucoup de ces plans ont été préparés sans une bonne compréhension des besoins de la ville, où un mélange d'utilisations des sols s'est produit, et sans aucune coopération entre les planificateurs et les personnes pour lesquelles ils planifient" (Abu-Ghazalah, 1990). Malheureusement, plus d'une décennie plus tard, Amman semble toujours souffrir du même problème. La municipalité joue un rôle important dans ce problème. GAM devrait concevoir un plan directeur complet pour la ville et l'imposer aux promoteurs, contrairement au cas d'Al-Abdali où elle a ajusté les plans d'occupation des sols et les règles de construction en fonction de la volonté d'AID. Le plan devrait prendre en compte les besoins et les capacités de la ville, car Amman a un marché très limité[15] , et encourager des développements plus inclusifs. En outre, la municipalité devrait donner la priorité à la population locale et ne pas favoriser les promoteurs, comme ce fut le cas dans le processus d'expropriation d'Al-Abdali.

La municipalité et l'État doivent veiller à ce que personne ne soit privé de son "droit à la ville". Mais ce "droit" est absolu, il dépend de qui le revendique (Harvey, 2012). N'importe qui peut le revendiquer et a toutes les raisons de le faire. Mais revendiquer le droit à la ville, ce n'est pas seulement se battre pour la localisation des villes centrales et l'égalité des services, c'est " revendiquer une sorte de pouvoir de façonnement sur les processus d'urbanisation, sur la manière dont nos villes sont faites et refaites, et le faire d'une manière fondamentale et radicale " (Harvey, 2012 : 5). Il s'agit donc du droit de contrôler ce qui " remodèle notre monde aujourd'hui " (Saad-Filho et Johnston, 2005), c'est-à-dire le néolibéralisme.

---

15 Depuis la fin du 20e siècle, la ville était en proie à une série d'espaces de consommation fermés. De nombreux centres commerciaux se sont succédé en termes de popularité et de vitalité économique. L'activité du Abdoun Mall a diminué avec l'ouverture du Mecca Mall, qui a été affecté par le City Mall suivant, qui s'est également dégradé en raison du Taj Mall plus récent. Abdoun Mall a maintenant fermé ses portes et Al-Baraka Mall est sur le point d'ouvrir ses portes en raison de l'inauguration du Galleria Mall adjacent. L'AURP introduira le centre commercial Al-Abdali qui est conçu pour être le plus grand centre commercial d'Amman. Quel effet aura-t-il sur les autres ?

Bibliographie

Ababsa, M. (2011). Disparités sociales et politiques publiques à Amman. *Villes, pratiques urbaines et construction nationale enJordanie. Villes, pratiques urbaines et construction nationale enJordanie*, 205-232.

Ababsa, M. (2013). L'agglomération Amman Ruseifa-Zarqa : le cœur de l'économie nationale. *Atlas de la Jordanie : histoire, territoires et société*, 384-397.

Abdali (2012a). *Aperçu du projet*. Abdali, http://www.abdali.jo/ (consulté en 2015).

Abdali (2012b). *Abdali PSC*. Abdali, http://www.abdali.jo/ (consulté en 2015).

Abu-Ghazalah, S. M. (1990). *La réforme des villes au 21e siècle*. Philadelphia Commercial Services Establishment, Pub. and Distributing Department.

Abu-Ghazalah, S. (2007). Les gratte-ciel en tant qu'outils de réforme économique et éléments de la ligne d'horizon urbaine : Case of the abdali development project at Amman. *METU Journal of the Faculty ofArchitecture, 24*(1), 49-70.

AID (2007). *Lettre d'information d'Abdali, numéro 3*. Abdali, http://www.abdali.jo/index. php?r=media/newsletter (consulté en 2015).

AID (2008). *Lettre d'information d'Abdali, numéro 4*. Abdali, http://www.abdali.jo/index. php?r=media/newsletter (consulté en 2015).

AID (2010). *Lettre d'information d'Abdali, numéro 10*. Abdali, http://www.abdali.jo/index. php?r=media/newsletter (consulté en 2015).

AID (2011). *Lettre d'information d'Abdali, numéro 11*. Abdali, http://www.abdali.jo/index. php?r=media/newsletter (consulté en 2015).

Al-Bawaba (2006). *DAMAC Properties introduit "The Heights" dans le superbe quartier Abdali d'Amman*. Albawaba News, http://www.albawaba.com/news/ damac-properties-introduces-%E2%80%9C-heights%E2%80%9D-stunning-abda- li-area-amman (consulté en 2015).

Alon, Y. (2007). *Making ofJordan : Tribes, Colonialism and the Modern State* (Vol. 61). IBTauris.

Barbir, S. (2012). *Message du président*. Abdali, http://www.abdali.jo/index. php?r=site/page&id=16 (consulté en 2015).

Barthel, P. A., et al. (2010). *Les mégaprojets arabes*. Alexandrine Press.

Bloomberg (2008). *Bahaa Hariri quitte Saudi Oger pour diriger sa propre société immobilière*.

Bloomberg, http://www.bloomberg.com/apps/news?pid=newsar- chive&sid=a5kYl_zqE0lg (consulté en 2015).

Butler, T. et Lees, L. (2006). Super-gentrification in Barnsbury, London : globalization and gentrifying global elites at the neighbourhood level. *Transactions of the Institute of British Geographers, 31* (4), 467-487.

Daher, R. (2013). Les transformations urbaines néolibérales dans la ville arabe : Méta-narra- tives, disparités urbaines et émergence d'utopies consuméristes et de géographies des inégalités à Amman. *Environnement urbain/Urban Environment, 7,* 99-115.

Daher, R. (2011). Discours du néolibéralisme et disparités dans le paysage urbain : Cranes, Craters, and an Exclusive Urbanity. *Collections électroniques del'If- po. Livres en ligne des Presses de l'Institutfrançais du Proche-Orient,* 6, 273-295.

Département des statistiques (2013). *Annuaire statistique 2013.* Département des statistiques, http://dos.gov.jo/dos_home_e/main/yearbook_2013.pdf (consulté en 2015).

Département des statistiques (2014). *Statistiques démographiques 2014 d'Al-Abdali.* Département des statistiques (récupéré personnellement en 2015).

El-Ghul, A. (1999). Urban Growth And Regional Planning in the Arab World "Case Study of Jordan" (Croissance urbaine et planification régionale dans le monde arabe : étude de cas de la Jordanie). *Urbanistca PVS,* Université La Sapienza.

GAM (2008), *The Amman Plan : Metropolitan Growth Report.* Municipalité du Grand Amman, www.ammancity.gov.jo.

GAM (2009), *The Story of Amman, Amman City 100.* Municipalité du Grand Amman, http://www.ammancity100.jo/en/content/story-amman/ancient-history (consulté en 2014).

Ham, A. et Greenway, P. (2003). *Jordan.* Lonely Planet.

Harvey, D. (2005). *Une brève histoire du néolibéralisme.* Oxford University Press.

Harvey, D. en conversation avec Robles-Duran, M. (2011). La ville néolibérale : investissement, développement et crise. *Asymétries urbaines : Studies and Projects on Neoliberal Urbanization,* eds. Tahl Kaminer, Miguel Robles-Duran et Heidi Sohn, 34-45.

Harvey, D. (2012). *Les villes rebelles : du droit à la ville à la révolution urbaine.* Verso Books.

Henry, C. M. et Springborg, R. (2010). *Globalization and the Politics of Development in the Middle*

East (Vol. 1). Cambridge University Press.

Jordan Times (2010). *Report on state-owned Mawared forwarded to anti-corruption agency*. Jordan Times, http://www.jordantimes.com/news/local/report- state-owned-mawared-forwarded-anti-corruption-agency (consulté en 2015).

Jordan Times (2014). *Les Syriens constituent un cinquième de la population d'Amman - chiffres officiels*. Jordan Times, http://www.jordantimes.com/news/local/syrians-consti- tute-one-ffth-amman-population-%E2%80%94-official-fgures (consulté en 2015).

Kaminer, T., Robles-Duran, M. et Sohn, H. (2011). *Introduction. Asymétries urbaines : Studies and Projects on Neoliberal Urbanization*, eds. Tahl Kaminer, Miguel Robles-Duran et Heidi Sohn, 10-21.

Lees, L., Shin, H. B., & Lopez-Morales, E. (Eds.). (2015). *Global Gentrifications : Uneven Development and Displacement*. Policy Press.

Lees, L., Slater, T. et Wyly, E. (2008). *Gentrification.* Routledge.

MacLeod, G. (2002). De l'entrepreneuriat urbain à une "ville revancharde" ? On the spatial injustices of Glasgow's renaissance. *Antipode, 34*(3), 602-624.

Makhamreha, Z. et Almanasyeha, N. (2011). Analyzing the State and Pattern of Urban Growth and City Planning in Amman Using Satellite Images and GIS (Analyse de l'état et du modèle de la croissance urbaine et de la planification urbaine à Amman à l'aide d'images satellites et de SIG). *Euro- peanJournalofSocialSciences, 24*(2), 225-264.

Marcuse, P. (1985). Gentrifcation, abandon, and displacement : Connexions, causes et réponses politiques dans la ville de New York. *Wash. UJ Urb. & Contemp. L., 28*, 195.

Marris, P. (1986). Loss and Change, rev. edn. *Routledge & Kegan Paul, Londres, 168*, 99-108.

Mawared (2010a). *A propos de la Jordanie*. Mawared, http://www.mawared.jo/ (consulté en 2015).

Mawared (2010b). *A propos de nous*. Mawared, http://www.mawared.jo/ (consulté en 2015).

Mawared (2010c). *Au service des communautés*. Mawared, http://www.mawared.jo/ (consulté en 2015).

Ministère de la planification et de la coopération internationale (2014). *Jordan Response Plan 2015 for the Syria Crisis,* http://www.jo.undp.org/content/dam/jordan/docs/ Publications/JRP+Final+Draft+2014.12.17.pdf (consulté en 2015).

Musa, M. (2013). *Constructing global Amman : petrodollars, identity, and the built environment in the early twenty-first century* (Thèse de doctorat, Université de l'Illinois à Urbana-Champaign).

Namrouqa (2012). *Activists step up campaign to save trees, landmark from destruction in Abdaliproject.* Jordan Times, http://www.jordantimes.com/news/ local/activists-step-campaign-save-trees-landmark-destruction-abdali-project (consulté en 2015).

Institut norvégien de recherche Fafo, Département des statistiques, & Fonds des Nations unies pour la population (FNUAP). (2007). *Les Irakiens en Jordanie : leur nombre et leurs caractéristiques.*

Parker, C. (2009). Tunnels de contournement et minarets du capitalisme : Amman as neoliberal assemblage. *PoliticalGeography, 28*(2), 110-120.

Peck, J. et Tickell, A. (2002). Neoliberalizing space. *Antipode, 34*(3), 380-404.

Porter, L. et Shaw, K. (2013). *Whose Urban Renaissance ? An international comparison ofurban regeneration strategies.* Routledge.

Potter, R. B., Darmame, K., Barham, N. et Nortcliff, S. (2009). "Ever-growing Amman", Jordan : Urban expansion, social polarisation and contemporary urban planning issues. *Habitatinternational, 33*(1), 81-92.

Ryan, A. (1993). Liberalism. *A companion to contemporary political philosophy*, 291-311.

Saad Filho, A. et Johnston, D. (2005). *Neoliberalism : A critical reader.* Pluto Press.

Schlumberger, O. (2002). L'économie jordanienne dans les années 1990 : Transition to Development. *Jordan in Transition, Londres : C. Hurst & Co*, 225-253.

Shami, S. (1996). The Circassians of Amman : historical narratives, urban dwelling and the construction of identity. *Amman : The City and Its Society. Beyrouth : CERMOC.*

Smith, N. (2002). New globalism, new urbanism : gentrification as global urban strategy. *Antipode, 34*(3), 427-450.

Summer, D. (2006). La néolibéralisation de l'espace urbain. Réseaux d'investissement transnationaux et circulation des images urbaines : Beyrouth et Amman. *Villes et Territoires du Moyen-Orient, 2.*

Le Boulevard (2015). *Histoire.* Boulevard, http://www.abdali-boulevard.jo/site/ history (consulté en 2015).

La brochure d'Abdali (2015). *Brochure Abdali.* Abdali, http://www.abdali.jo/ index.php?r=site/page&id=26 (consulté en 2015).

Thorsen, D. E. et Lie, A. (2006). Qu'est-ce que le néolibéralisme ? *Oslo, Université d'Oslo, Département des sciences politiques, Manuscrit*, 1-21.

Nations unies - Commission économique et sociale pour l'Asie occidentale. (2005). *L'urbanisation et le caractère changeant de la ville arabe (Rapport No. E/ESCWA/ SDD/2005/1).* NewYork : Nations unies.

Van Weesep, J. (1994). Gentrification as a research frontier. *Progress in Human Geography, 18*(1), 74-83.

Annexe

Tableau 1 : Salaire mensuel moyen des employés des secteurs public et privé en Jordanie, classé par profession

Principaux groupes professionnels	Pourcentage de travailleurs	Salaire mensuel moyen (JOD)
Législateurs, hauts fonctionnaires et gestionnaires	4.35	1,282
Professionnels	28.83	563
Techniciens et professionnels associés	9.58	453
Commis	8.73	404
Travailleurs de l'artisanat et des métiers connexes	11.72	320
Opérateurs et monteurs d'installations et de machines	11.42	292
Travailleurs des services et de la vente	13.11	276
Professions élémentaires	12,26	272

Mois de référence : Octobre 2012. Adapté de l'*Annuaire statistique 2013*, tableau 4.3, p. 42. Département des statistiques, http://dos.gov.jo/dos_home_e/main/yearbook_2013.pdf (consulté en 2015).

Tableau 2 : Prix de l'immobilier résidentiel disponible dans l'un des immeubles de DAMAC à AURP

N° d'étage	Type	Surface (m²)	Prix (JOD)
32	Duplex Penthouse	660.49	1877200
29	Duplex	417.6	1055000
28	3 BR	330.37	834700
6	3 BR	312	663500
23	3 BR	272.05	658700
5	3 BR	312	656900
28	1 BR	250.93	634000
2	2 BR	190.03	400100
1	2 BR	169.84	357600
3	1 BR	95.82	201800
3	1 BR	91.86	193400

Sur la base d'une communication avec un responsable de DAMAC. "Tous les prix indiqués dans cette communication ne sont valables qu'aujourd'hui et peuvent être modifiés sans préavis" (octobre 2015).

Tableau 3 : Moyennes des prix de l'immobilier à Amman, 2007

Area Number	Area	Rent (JD per m2)									Price (JD per m2)	
		Residential (100 m2)	Residential (120-150 m2)	Residential (170 m2)	Commercial (50 m2)	Commercial (70-100 m2)	Commercial (150 m2)	Offices (50 m2)	Offices (70-90 m2)	Offices (120 m2)	Residential	Commercial
1	Al-Madinah	0.92	0.80	0.74	3.18	2.16	1.35	1.85	1.40	1.06	35.00	66.88
2	Basman	1.06	0.97	0.77	5.01	3.71	1.94	2.80	2.16	1.48	50.71	96.43
3	Al-Nasser	1.35	1.32	0.99	3.04	2.24	1.25	2.48	2.26	1.32	67.00	95.00
4	Al-Yarmouk	0.98	0.89	0.81	2.23	1.61	0.98	2.00	1.63	1.10	35.00	60.00
5	Al-Qweismeh, Abu Alanda, Al-Juwaideh, Al-Raqeem	1.18	1.12	0.89	2.93	2.31	1.20	2.13	1.69	1.12	60.83	76.50
6	Ras Al-A'in	1.28	1.14	0.88	3.00	2.24	1.23	1.97	1.56	1.21	88.33	167.50
7	Bader	1.36	1.29	0.94	3.48	2.64	1.35	2.58	2.03	1.18	110.00	149.00
8	Umm Gseir, Muqabelein, Al-Bnayyat	1.00	0.91	0.75	2.58	2.08	1.07	1.95	1.54	1.06	71.25	100.83
9	Zahran	2.14	1.88	1.55	5.84	4.50	2.39	5.24	4.09	2.57	212.00	530.00
10	Al-Abdali	1.90	1.65	1.39	6.50	4.56	2.50	4.88	3.56	2.41	272.50	507.50
11	Marka	0.98	0.88	0.79	3.25	2.63	1.33	2.50	2.00	1.33	46.25	83.33
12	Tareq	1.45	1.24	1.10	3.63	2.46	1.49	2.65	2.08	1.42	116.25	265.00
13	Al-Jubeha	2.34	1.98	1.58	4.04	3.06	1.69	3.86	2.85	1.88	242.14	735.00
14	Tla' Al-Ali, Umm Al-Summaq, Khalda	2.49	2.14	1.68	6.80	4.81	2.52	5.91	4.50	2.78	374.00	977.78
15	Wadi El-Seer	1.85	2.04	1.55	7.34	5.23	2.71	5.49	4.21	2.59	286.11	568.75
16	Sweileh	2.08	1.75	1.45	4.87	2.94	1.84	3.52	2.38	1.74	258.33	350.00
17	Abu Nseir	1.50	1.33	1.18	5.40	3.53	1.97	3.80	2.63	1.92	180.00	750.00
18	Sahab	0.85	0.74	0.71	3.80	2.35	1.47	1.80	1.25	1.08	90.00	100.00
19	Khreibet Al-Souq	1.20	1.19	0.85	5.20	3.53	1.93	3.70	2.50	1.92	50.00	200.00
20	Na'our and Marj Al-Hamam	1.58	1.33	1.15	4.45	3.12	1.67	5.50	4.00	2.56	187.50	500.00

Source : *Al-Balad as a place of heritage : problematising the conceptualisation of heritage in the context of Arab Muslim Middle East*, tableau 2-3, p. 40. Thèse de Janset Shawash (Bartlett Faculty of the Built Environment, Development Planning Unit, University College London).